中国特色社会主义政治经济学蓝皮书系列

国家社科基金重大项目"中国特色社会主义政治经济学探索"（批准号：16ZDA002）阶段性成果

主编／王立胜

中国政治经济学学术影响力评价报告

2021
ERLINGERYI

主编／王立胜 程恩富

执行主编／周绍东

山东城市出版传媒集团·济南出版社

图书在版编目（CIP）数据

中国政治经济学学术影响力评价报告.2021/王立胜，程恩富，周绍东主编.—济南：济南出版社，2021.12

ISBN 978-7-5488-4890-5

Ⅰ.①中… Ⅱ.①王… ②程… ③周… Ⅲ.①中国特色社会主义—社会主义政治经济学—学术评议—研究报告—2021 Ⅳ.①F120.2

中国版本图书馆 CIP 数据核字（2021）第 262506 号

出 版 人	崔 刚
责任编辑	郑 敏 孙 莹 周 彤
装帧设计	侯文英

出版发行	济南出版社
地　　址	山东省济南市二环南路1号（250002）
编辑热线	0531-82056181
发行热线	0531-86131728　86922073　86131701
印　　刷	济南新科印务有限公司
版　　次	2022年1月第1版
印　　次	2022年1月第1次印刷
成品尺寸	170mm×240mm　16开
印　　张	12.75
字　　数	300千
定　　价	79.00元

（济南版图书，如有印装错误，请与出版社联系调换。联系电话:0531-86131736）

编委会

主　编　王立胜　程恩富
执行主编　周绍东
成　员（按姓氏笔画排序）
　　　　　王瑞恒　邓　悦　田超伟　任　艳　孙盛霖
　　　　　李　晶　李学桃　李宪慧　杨偲劢　余　江
　　　　　初传凯　郑　敏　郎廷建

学术支持单位
中国社会科学院中国文化研究中心
中国政治经济学学会
马克思主义理论与中国实践湖北省协同创新中心
武汉大学人文社会科学青年学术团队
（中国特色社会主义政治经济学话语体系研究）
国家社科基金重大项目"中国特色社会主义政治经济学探索"课题组

目 录

第一部分　中国政治经济学最具影响力的学术论文（2011—2020）　/ 1

　　一、开展中国政治经济学学术影响力评价工作的意义　/ 1

　　二、中国政治经济学学术影响力评价的基本思路　/ 2

　　三、中国政治经济学最具学术影响力的 100 篇学术论文　/ 4

　　四、中国政治经济学最具影响力的 100 篇学术论文摘要　/ 14

第二部分　中国政治经济学最具影响力的研究载体　/ 78

　　一、学术机构影响力评价　/ 78

　　二、学术刊物影响力评价　/ 81

第三部分　中国政治经济学研究进展　/ 83

　　一、中国特色社会主义政治经济学的理论来源与指导原则　/ 83

　　二、中国特色社会主义政治经济学的历史脉络　/ 85

　　三、中国特色社会主义政治经济学的研究对象　/ 88

　　四、中国特色社会主义政治经济学的逻辑起点　/ 90

　　五、中国特色社会主义政治经济学的核心命题与基本特征　/ 93

　　六、中国特色社会主义政治经济学的叙述主线与理论框架　/ 95

　　七、中国特色社会主义政治经济学的研究方法与构建路径　/ 99

　　八、中国特色社会主义政治经济学的范畴构建与话语体系　/ 102

　　九、中国特色社会主义政治经济学学科研究　/ 106

十、中国特色社会主义政治经济学的时代价值与现实意义 / 109

十一、社会主义市场经济理论 / 112

十二、习近平新时代中国特色社会主义经济思想 / 115

十三、政治经济学视野下的"生产力"研究 / 118

十四、政治经济学视野下的"生产方式"研究 / 120

十五、政治经济学视野下的"生产关系"研究 / 123

十六、劳动价值论相关问题研究 / 126

十七、唯物史观与政治经济学 / 129

十八、《资本论》及其手稿研究 / 132

十九、政治经济学学科体系、学术体系和话语体系 / 135

二十、政治经济学方法论研究 / 137

二十一、所有制理论研究 / 140

二十二、收入分配的政治经济学研究 / 143

二十三、经济高质量发展的政治经济学研究 / 145

二十四、国有企业改革的政治经济学研究 / 148

二十五、新发展理念的政治经济学研究 / 151

二十六、现代化经济体系的政治经济学研究 / 154

二十七、以人民为中心的发展思想研究 / 156

二十八、社会主义社会主要矛盾研究 / 159

二十九、经济新常态的政治经济学研究 / 162

三十、供给侧结构性改革的政治经济学研究 / 164

三十一、乡村振兴和精准扶贫的政治经济学研究 / 168

三十二、开放经济和"一带一路"倡议的政治经济学研究 / 171

三十三、人类命运共同体的政治经济学研究 / 174

三十四、当代资本主义的政治经济学研究 / 176

三十五、国际经济危机和金融危机的政治经济学研究 / 179

三十六、国际价值理论的政治经济学研究 / 182

三十七、经济全球化的政治经济学研究 / 185

三十八、新发展格局的政治经济学研究 / 188

三十九、数字经济的政治经济学研究 / 190

后　记 / 194

第一部分　中国政治经济学最具影响力的学术论文（2011—2020）

一、开展中国政治经济学学术影响力评价工作的意义

中国政治经济学是对新中国成立以来特别是改革开放以来经济建设实践的经验总结和理论概括。2016年7月8日，习近平总书记在主持经济形势专家座谈会时指出："要加强研究和探索，加强对规律性认识的总结，不断完善中国特色社会主义政治经济学理论体系，推进充分体现中国特色、中国风格、中国气派的经济学科建设。"2017年5月，中共中央印发《关于加快构建中国特色哲学社会科学的意见》，明确提出：要发展中国特色社会主义政治经济学，丰富发展马克思主义哲学、政治经济学、科学社会主义。

2016年以来，学界围绕"建设和发展中国特色社会主义政治经济学"这一重大命题，开展了持续而深入的研究，促成了广泛而热烈的讨论，形成了大量学术成果，政治经济学迎来了新中国成立以来的第三次研究高潮。目前，"中国特色社会主义政治经济学"已形成了一系列相对固定的研究主题、学者群体、研究机构和传播载体，呈现出良好的发展势头，为中国特色哲学社会科学体系建设竖立了重要标杆。2017年，本课题组首次开展了中国特色社会主义政治经济学的学术影响力评价工作，取得了良好的社会

反响。2019年以来，为进一步扩大学术评价范围，拓宽学科视野，评价报告更名为《中国政治经济学学术影响力评价报告》。

二、 中国政治经济学学术影响力评价的基本思路

党的十八大以来，马克思主义政治经济学基本原理同中国特色社会主义建设实践紧密结合，提出了一系列新思想新论断，马克思主义政治经济学焕发出新的生机与活力。从独立的学科范畴来看，开展中国政治经济学学术评价，呈现出以下几个方面的特点。

第一，中国政治经济学学术评价的文献覆盖面较广。根据研究对象的历史阶段差异，马克思主义政治经济学自然地分为资本主义政治经济学和社会主义政治经济学两个部分。中国政治经济学是社会主义政治经济学的"中国版本"，是马克思主义政治经济学的中国化。因此，在理论体系和学科内容上，中国政治经济学与马克思主义政治经济学、社会主义政治经济学既相互联系又存在差别，体现了一般性与特殊性的结合。因此，在对中国政治经济学进行影响力评价时，文献收集范围就不能仅仅局限于"中国政治经济学"这个名词，而是要涵盖"马克思主义政治经济学""社会主义政治经济学""社会主义经济理论""资本论""习近平新时代中国特色社会主义经济思想"等多个学术范畴。当然，需要对以上这些主题的文献进行甄别和梳理，需要明确指出的是，"中国政治经济学"的文献谱系是以坚持辩证唯物主义和历史唯物主义等马克思主义分析方法为基本特点的，超出这个范围的文献，本报告就不再将其归于"中国政治经济学"的学术体系。

第二，中国政治经济学学术评价的文献基础是在期刊上公开发表的学术论文。学术影响力评价的标准是多样的，不同学科的影响力评价标准具有很大差异。对于人文社会科学特别是理论性较强的学科而言，学术论著

的影响力是学术影响力评价的重要标准。学术论著主要包括期刊刊载的学术论文、公开出版的专著（包括教材或其他形式的书籍）。从影响力评价的角度而言，这两类论著的重要性都是不言而喻的。但是，专著被引用的数据难以收集且不宜进行标准化处理，因此也是难以作为学术影响力评价标准的。因此，本报告的学术影响力评价是以学者在期刊上发表的学术论文作为评价基础的，即以期刊论文作为评价的数据源头。在此基础上，测算了中国政治经济学研究机构、学术刊物以及研究主题的学术影响力。

第三，在学术评价中给予理论性研究和应用性研究同等重视。在学科归属上，政治经济学属于理论经济学范畴，但是，政治经济学对于分析和研究现实经济问题具有重要意义，特别是在中国经济发展和改革的进程中，政治经济学理论创新发挥着重要的指导作用。为此，在学术影响力评价中，本报告不仅关注了那些纯理论研究，同时也注意收集和整理那些运用政治经济学理论方法研究中国现实问题和政策问题的文献，将"公有制与混合所有制""按劳分配""经济增长与高质量发展""现代化经济体系""供给侧结构性改革""乡村振兴战略""一带一路倡议"等主题词纳入学术影响力评价范围。

第四，涵盖了中国学者研究当代资本主义经济的文献。中国学者运用政治经济学方法，对当代资本主义经济新变化的研究，也应被涵盖在中国政治经济学的范围内。因此，这里的"中国"，并不是研究对象意义上的中国，而主要是指"中国学者"。当然，我们也十分希望在今后的研究中，能够把国际化视野的中国政治经济学文献纳入评价体系中来，特别是国外学者开展的"中国模式""中国道路""中国经验""中国奇迹"等主题的研究。此外，在选择"当代资本主义经济"的研究文献时，我们重点关注了那些联系中国经济问题和社会主义经济建设的研究，特别是把那些进行当代资本主义与社会主义经济运行方式比较研究的文献纳入了评价范围。

第五，对部分主题的研究文献进行了拓展。本年度评价报告选择了三十九个政治经济学研究主题进行影响力评价，需要说明的是，部分主题并不完全局限于政治经济学范畴，典型的如"唯物史观""社会主义主要矛盾""以人民为中心的发展思想"等。在选取这些主题的文献时，本报告采取的原则和程序是：在根据主题词搜索得到的文献中，首先，选择那些从政治经济学视野出发进行的研究；其次，选择那些运用马克思主义方法论而开展的交叉研究文献、多学科研究文献、整体性研究文献；最后，剔除那些单纯局限于哲学、法学、政治学和历史学等单一学科的文献。

三、中国政治经济学最具学术影响力的100篇学术论文

本报告通过定量定性相结合的方式评选最具影响力论文。本报告选取的文献来自中国知网（中国知识基础设施工程，China National Knowledge Infrastructure，CNKI）下属的中国期刊全文数据库（CJFD）。在文献搜索方面，本报告采取了"单主题"和"双主题"两种不同的搜索方式。单主题搜索方式是在中国期刊全文数据库中采用文献检索方式，在检索"主题"项中选用"中国政治经济学""当代中国马克思主义政治经济学""中国社会主义政治经济学""社会主义经济理论"等关键词。双主题搜索方式是在中国期刊全文数据库中采用高级检索方式，在检索"主题"项中选用"公有制""按劳分配""新发展理念""资本论""生产力—生产关系""以人民为中心""供给侧结构性改革""现代化经济体系""高质量发展""乡村振兴战略""一带一路倡议""当代资本主义经济""垄断资本""帝国主义""西方经济学评析"等关键词，并加入"政治经济学"这一关键词进行搜索。文献覆盖时间段为2011年1月1日至2020年12月31日。根据以上方法，剔除短讯、会议综述、书评、广告等信息含量较小的以及重复的篇目，最终得到2952篇文献。这些文献构成了整个评价的文献基础。

本报告选取下载量、引用量以及期刊影响因子等指标，定量计算了所

有文献的影响力，构建了评价样本库。在此基础上，邀请本学科知名专家对样本库中的文献进行定性评价。在综合考虑文献的选题意义、学术水平、理论深度、资政作用等各方面因素的基础上，评选出 2011—2020 年政治经济学学科最具学术影响力的 100 篇论文（见表1）。

表1 中国政治经济学最具影响力的 100 篇学术论文（2011—2020）

（按第一作者姓氏拼音排序）

序号	题目	作者	刊物	发表时间
1	政治经济学与唯物史观的内在关联	曹典顺	《中国社会科学》	2016
2	从"现实的人"到"以人民为中心"——马克思主义政治经济学根本立场探析	常庆欣 张 旭	《经济学家》	2020
3	习近平新时代精准扶贫思想形成的现实逻辑与实践路径	陈健	《财经科学》	2018
4	加快完善社会主义市场经济体制的"四个关键词"	程恩富	《经济研究》	2013
5	要坚持中国特色社会主义政治经济学的八个重大原则	程恩富	《经济纵横》	2016
6	论市场在资源配置中的决定性作用——兼论中国特色社会主义的双重调节论	程恩富 高建昆	《中国特色社会主义研究》	2014
7	评萨缪尔森对劳动价值论的批判	丁堡骏	《中国社会科学》	2012
8	关于供给侧结构性改革的政治经济学分析	丁任重	《经济学家》	2016

续表

序号	题目	作者	刊物	发表时间
9	不能照搬"诺瑟姆曲线"来研究中国的城镇化问题	段学慧 侯为波	《河北经贸大学学报》	2012
10	论建设中国特色社会主义政治经济学为何和如何借用西方经济学	方福前	《经济研究》	2019
11	基本经济制度是所有制关系、分配关系、交换关系的有机统一	方敏	《政治经济学评论》	2020
12	一般均衡理论的价值基础	冯金华	《经济研究》	2012
13	国际价值、国际生产价格和利润平均化：一个经验研究	冯志轩	《世界经济》	2016
14	中国乡村振兴战略视域下的农民分化及其引申含义	高帆	《复旦学报（社会科学版）》	2018
15	马克思经济学"术语的革命"与中国特色"经济学说的系统化"	顾海良	《中国社会科学》	2016
16	新发展理念与当代中国马克思主义经济学的意蕴	顾海良	《中国高校社会科学》	2016
17	习近平新时代中国特色社会主义经济思想与"系统化的经济学说"的开拓	顾海良	《马克思主义与现实》	2018
18	回到马克思：对生产力—生产方式—生产关系原理再解读	郭冠清	《当代经济研究》	2020
19	习近平新时代中国特色社会主义经济思想的源流和主线	韩保江 王佳宁	《改革》	2018
20	坚持以人民为中心的发展思想	韩喜平	《思想教育理论导刊》	2016

续表

序号	题目	作者	刊物	发表时间
21	改革开放以来发展理念和相应的经济发展理论的演进——兼论高质量发展的理论渊源	洪银兴	《经济学动态》	2019
22	政府与市场关系论	胡钧	《当代经济研究》	2013
23	贸易平衡、财政赤字与国内大循环经济发展战略	贾根良	《财经问题研究》	2020
24	中国工业化和城镇化的特殊性分析	简新华	《经济纵横》	2011
25	市场经济只能建立在私有制基础上吗？——兼评公有制与市场经济不相容论	简新华 余江	《经济研究》	2016
26	建立解决相对贫困的长效机制	蒋永穆	《政治经济学评论》	2020
27	生产结构、收入分配与宏观效率——一个马克思主义政治经济学的分析框架与经验研究	李帮喜 刘充 赵峰 黄阳华	《经济研究》	2019
28	"亚细亚生产方式"再探讨——重读《资本主义生产以前的各种形式》的思考	李根蟠	《中国社会科学》	2016
29	认识和掌握社会主义市场经济三个层次的规律	李建平	《经济研究》	2016
30	货币国定论：后凯恩斯主义货币理论的新发展	李黎力 贾根良	《社会科学战线》	2012
31	虚拟经济背离与回归实体经济的政治经济学分析	李连波	《马克思主义研究》	2020

续表

序号	题目	作者	刊物	发表时间
32	美国员工持股计划及其对我国国企改革的启示	李政 艾尼瓦尔	《当代经济研究》	2016
33	国企改革的困境及出路：基于动态关系治理的新视角	刘灿 韩文龙	《当代经济研究》	2014
34	论社会主义市场经济中政府和市场的关系	刘凤义	《马克思主义研究》	2020
35	中国经济体制改革的方向、目标和核心议题	刘国光 王佳宁	《改革》	2018
36	信息产品与平台经济中的非雇佣剥削	刘皓琰	《马克思主义研究》	2019
37	中国特色社会主义政治经济学核心理论定位研究	刘谦 裴小革	《经济学家》	2019
38	在马克思主义与中国实践结合中发展中国特色社会主义政治经济学	刘伟	《经济研究》	2016
39	中国特色社会主义基本经济制度是解放和发展生产力的历史要求	刘伟	《政治经济学评论》	2020
40	基于社会生产和再生产模型的国际价值量决定机理研究	刘晓音 宋树理	《世界经济》	2017
41	中国特色社会主义政治经济学研究对象的探索	刘学梅 郭冠清	《经济学家》	2019
42	基于案例研究的混合所有制改革动因分析	刘震 张祎嵩	《学习与探索》	2015
43	国有企业改制和上市不等于"混合所有制经济"——二评"资本混合型企业"的决策科学性	龙斧 王今朝	《社会科学研究》	2015

续表

序号	题目	作者	刊物	发表时间
44	经济脱实向虚倾向的根源、表现和矫正措施	卢映西 陈乐毅	《当代经济研究》	2018
45	"里根革命"与"撒切尔新政"的供给主义批判与反思——基于马克思经济学劳资关系视角	鲁保林	《当代经济研究》	2016
46	经济金融化行为的政治经济学分析——一个演化博弈框架	鲁春义 丁晓钦	《财经研究》	2016
47	"供给侧结构性改革"在思想和实践上的新贡献	鲁品越	《马克思主义研究》	2020
48	对供给侧结构性改革思路的马克思主义政治经济学再思考	罗丹 王守义	《改革与战略》	2016
49	非均衡与平均利润率的变化：一个马克思主义分析框架	孟捷 冯金华	《世界经济》	2016
50	经济发展新常态中的主要矛盾和供给侧结构性改革	逄锦聚	《政治经济学评论》	2016
51	中国特色社会主义政治经济学的民族性与世界性	逄锦聚	《经济研究》	2016
52	数字经济的政治经济学分析	裴长洪 倪江飞 李越	《财贸经济》	2018
53	网约车平台与不稳定劳工——基于南京市网约车司机的调查	齐昊 马梦挺 包倩文	《政治经济学评论》	2019
54	唯物史观、动态优化与经济增长——兼评马克思主义政治经济学的数学化	乔晓楠 何自力	《经济研究》	2017

续表

序号	题目	作者	刊物	发表时间
55	《资本论》的创新性研究对于构建中国特色社会主义政治经济学的重大意义	邱海平	《马克思主义研究》	2020
56	马克思主义政治经济学对于供给侧结构性改革的现实指导意义	邱海平	《红旗文稿》	2016
57	我国新经济高质量发展的困境及其路径选择	任保平 何苗	《西北大学学报（哲学社会科学版）》	2020
58	新帝国主义的危机与新社会主义的使命——兼论21世纪马克思主义的核心问题与应对	宋朝龙	《探索》	2020
59	在理念与能力之间：关于国企改革方向的第三种思路	宋磊	《经济学家》	2014
60	论中国经济学现代化的马克思主义发展道路——质疑洪永淼西方经济学中国化观点	孙立冰	《马克思主义研究》	2020
61	分配制度上升为基本经济制度的理论必然和实践必然	王朝科	《上海经济研究》	2020
62	新时代中国特色农业现代化"第二次飞跃"的逻辑必然及实践模式	王丰	《经济学家》	2018
63	深刻把握乡村振兴战略——政治经济学视角的解读	王立胜 陈健 张彩云	《经济与管理评论》	2018
64	论中国特色社会主义政治经济学理论来源	王立胜 郭冠清	《经济学动态》	2016

续表

序号	题目	作者	刊物	发表时间
65	价值决定向价值实现的蜕化：置盐定理的逻辑推理困境	王生升 李帮喜 顾珊	《世界经济》	2019
66	社会再生产中的流通职能与劳动价值论	王晓东 谢莉娟	《中国社会科学》	2020
67	关于中国特色社会主义政治经济学的一些新思考	卫兴华	《经济研究》	2017
68	澄清对马克思再生产理论的认识误区	卫兴华	《中国社会科学》	2016
69	马克思的产业升级思想及其对当代中国结构转型的指导意义	魏旭	《毛泽东邓小平理论研究》	2018
70	改革开放四十年的城乡关系：历史脉络、阶段特征和未来展望	吴丰华 韩文龙	《学术月刊》	2018
71	论作为政治经济学研究对象的生产方式范畴	吴宣恭	《当代经济研究》	2013
72	全球财富分配失衡的现状与解析	肖斌 付小红	《红旗文稿》	2015
73	共享发展成果须处理好劳动力市场中的三组矛盾	肖潇	《山东社会科学》	2016
74	用马克思主义政治经济学指导供给侧结构性改革	谢地 郁秋艳	《马克思主义与现实》	2016
75	全球气候治理的政治经济学分析	谢富胜 程瀚 李安	《中国社会科学》	2014
76	危机后一般利润率下降规律的表现、国别差异和影响因素	徐春华	《世界经济》	2016

续表

序号	题目	作者	刊物	发表时间
77	恩格斯对《资本论》方法的贡献——纪念恩格斯诞辰200周年	许光伟	《西部论坛》	2020
78	新时代中国特色社会主义政治经济学研究对象和逻辑起点——马克思《资本论》及其手稿再研究	颜鹏飞	《内蒙古社会科学》（汉文版）	2018
79	内循环为主双循环互动的理论创新——中国特色社会主义政治经济学的时代课题	杨承训	《上海经济研究》	2020
80	论公有制理论的发展	杨春学	《中国工业经济》	2017
81	坚持马克思主义经济思想的指导地位	杨静	《经济研究》	2016
82	五大发展理念：中国特色社会主义政治经济学的重要拓展	易淼 任毅	《财经科学》	2016
83	国有企业是低效率的吗	张晨 张宇	《经济学家》	2011
84	马克思工人合作工厂理论视阈下的蒙特拉贡合作公司研究	张嘉昕	《马克思主义研究》	2012
85	对新时代中国特色社会主义现代化经济体系建设的几点认识	张俊山	《经济纵横》	2018
86	理解习近平新时代中国特色社会主义经济思想的六个维度	张开 顾梦佳 王声啸	《政治经济学评论》	2019
87	马克思的第一部经济学著作的手稿——《1844年经济学哲学手稿》研读	张雷声	《思想理论教育导刊》	2014

续表

序号	题目	作者	刊物	发表时间
88	社会主义劳动力再生产及劳动价值创造与分享——理论、证据与政策	张平 郭冠清	《经济研究》	2016
89	我国企业员工持股的发展困境与现实选择——员工持股的再思考	张衔 胡茂	《社会科学研究》	2015
90	《资本论》是光辉的政治经济学著作——驳《资本论》哲学化	张旭 常庆欣	《当代经济研究》	2019
91	壮大集体经济、实施乡村振兴战略的原则与路径——从邓小平"第二次飞跃"论到习近平"统"的思想	张杨 程恩富	《现代哲学》	2018
92	论公有制与市场经济的有机结合	张宇	《经济研究》	2016
93	中国特色社会主义政治经济学的科学内涵	张宇	《经济研究》	2017
94	中国经济新常态的趋势性特征及政策取向	张占斌	《国家行政学院学报》	2015
95	资本逻辑与马克思的三大社会形态理论——重读《资本论》及其手稿的新领悟	赵家祥	《学习与探索》	2013
96	"互联网+"推动的农业生产方式变革——基于马克思主义政治经济学视角的探究	周绍东	《中国农村观察》	2016
97	中国特色社会主义政治经济学研究对象探析——基于马克思生产方式理论的当代借鉴	周文 代红豆	《河北经贸大学学报》	2020

续表

序号	题目	作者	刊物	发表时间
98	中国特色社会主义政治经济学：渊源、发展契机与构建路径	周文 宁殿霞	《经济研究》	2018
99	新自由主义在我国的传播和危害	朱安东 王天翼	《当代经济研究》	2016
100	马克思的经济发展理论与西方经济发展理论比较——兼论中国经济高质量发展的路径	朱方明 刘丸源	《政治经济学评论》	2019

四、中国政治经济学最具影响力的100篇学术论文摘要

1.《政治经济学与唯物史观的内在关联》

作者：曹典顺

期刊：《中国社会科学》

刊期：2016年第10期

政治经济学的出场必然内含着唯物史观的在场，唯物史观的出场必然唤起政治经济学的在场。政治经济学与唯物史观的这种内在关联，学界存在三种不同的学理分析：一种是按照唯物史观的形成逻辑探讨，一种是按照政治经济学介入唯物史观的过程探索，一种是按照问题意识进行诠释。从唯物史观的形成、运用来理解，唯物史观的形成经历了萌芽、出场和在场三个阶段；从政治经济学介入唯物史观的探索过程来理解，政治经济学的介入经历了政治经济学问题反思、政治经济学批判和政治经济学原理阐释三个时期；从政治经济学与唯物史观的问题意识来理解，构成了政治经济学问题反思与唯物史观萌芽、政治经济学批判与唯物史观出场、政治经济学原理阐释与唯物史观在场三个问题域。本文以关于政治经济学与唯物

史观的问题意识为主线，以唯物史观的形成、运用为脉络，以政治经济学介入唯物史观的探索为主题，试图深度澄清政治经济学与唯物史观的内在关联。

2.《从"现实的人"到"以人民为中心"——马克思主义政治经济学根本立场探析》

作者：常庆欣、张旭

期刊：《经济学家》

刊期：2020年第5期

中国特色社会主义政治经济学的根本要义，就是以马克思主义为指导，贯彻以人民为中心这一根本立场。"以人民为中心"的发展思想，是在避免马克思指出的"经济人"的缺陷的基础上，在遵循他关于"人的一般本性"的基本规定的前提下，在对马克思考察的"变化的人的本性"的变化趋势的深刻把握中，结合中国特色社会主义经济建设和改革实践，对发展为了谁、发展依靠谁、发展成果由谁享有这个根本问题做出回答。从马克思关于"现实的人"的思想到"以人民为中心"的发展思想之间，存在着运用、发展与创新关系。证明"以人民为中心"这一"马克思主义政治经济学的根本立场"，坚持"以人民为中心"的发展思想，是马克思主义理论尤其是中国特色社会主义政治经济学创新的重要成果和我国经济社会建设的基本指南。

3.《习近平新时代精准扶贫思想形成的现实逻辑与实践路径》

作者：陈健

期刊：《财经科学》

刊期：2018年第7期

习近平新时代精准扶贫思想的形成主要是基于全面建成小康社会，破解发展不平衡、不充分短板等现实需要，这一思想的形成不仅是现实的选择，也是对中国特色社会主义政治经济学的创新与发展，其形成有着深厚的理论基石与现实逻辑,但是这一思想在实践中也会遇到一系列困境。基于此,拟通过如下举措实践习近平新时代精准扶贫思想:一是大力推进产业扶贫,筑牢精准脱贫的长效动力机制;二是着力推进生态扶贫,构筑精准脱贫的绿色可持续发展机制;三是深入实施教育扶贫,培育精准脱贫的内生动力;四是精准实施社会保障兜底扶贫,筑牢精准脱贫的社会保障安全网。

4.《加快完善社会主义市场经济体制的"四个关键词"》

作者:程恩富

期刊:《经济研究》

刊期:2013年第2期

党的十八大报告明确指出:"要加快完善社会主义市场经济体制,完善公有制为主体、多种所有制经济共同发展的基本经济制度,完善按劳分配为主体、多种分配方式并存的分配制度,更大程度更广范围发挥市场在资源配置中的基础性作用,完善宏观调控体系,完善开放型经济体系。"这就从产权、分配、调节和开放四个层面科学地界定了加快完善社会主义市场经济体制的方向和内涵。第一个关键词是产权。广义的产权与广义的所有权或所有制在概念上大同小异。公有制为主体、多种所有制共同发展的制度,属于社会主义初级阶段必须长期坚持和完善的基本经济制度。第二个关键词是分配。由于产权关系和制度决定分配关系和制度,收益权属于广义产权的一束权利之一,因而公有制主体便决定或派生出按劳分配主体。社会主义初级阶段要实行按劳分配为主体、多种分配方式并存的分配制度。第三个关键词是调节。发挥市场在资源配置中的基础性作用,可以简称为以市场调节为基础,其对立统一面是国家调节。国家调节主要包括负责立法的人大调节和政府调节,既有宏观调节或调控,又有微观调节或规制。第四个关键词是开放。市场经济和经济全球化内在地要求国民经济实行对外开放,以优化资源配置、促进优势互补和推动经济发展。开放与保护是一对矛盾体,均有正效应与负效应、适度型与过度型之分。发达国家和开放收益显著的国家,在经济开放之前和同时都十分注重自主创新、自力发展和经济安全,突出开放的整体长远效益和国民福利,因而报告提出要"全面提高开放型经济水平。适应经济全球化新形势,必须实行更加积极主动的开放战略,完善互利共赢、多元平衡、安全高效的开放型经济体系"。

5.《要坚持中国特色社会主义政治经济学的八个重大原则》

作者:程恩富

期刊:《经济纵横》

刊期:2016 年第 3 期

从马克思主义政治经济学的一般原理出发,阐述我国发展社会主义市场经济要坚持中国特色社会主义政治经济学的八个重大原则:科技领先型的持续原则,民生导向型的生产原则,公有主体型的产权原则,劳动主体型的分配原则,国家主导型的市场原则,绩效优先型的速度原则,结构协调型的平衡原则,自力主导型的开放原则。

6.《论市场在资源配置中的决定性作用——兼论中国特色社会主义的双重调节论》

作者:程恩富、高建昆

期刊:《中国特色社会主义研究》

刊期:2014 年第 1 期

在简单商品经济向资本主义市场经济转化之后,市场在资源配置中就开始发挥决定性作用。这种"市场决定性作用"具有社会历史性。在我国社会主义市场经济中,市场在某些资源配置中同样起决定性作用。但是,我国社会主义市场经济中的"市场决定性作用",不仅具有与资本主义市场经济中的"市场决定性作用"性质不同的经济基础,而且具有与倡导"市场万能论"的新自由主义政策导向不同的政府调节方式和调节领域,从而既能充分发挥价值规律的积极引导作用,又能避免价值规律可能导致的消极后果。

7.《评萨缪尔森对劳动价值论的批判》

作者：丁堡骏

期刊：《中国社会科学》

刊期：2012年第2期

西方资产阶级经济学，由于受到当前这场空前严重的世界性经济危机的打击，出现了深刻的范式危机，被迫将自身理论体系的反思摆上议事日程。如何更加严肃地看待过去一个多世纪中资产阶级经济学家对马克思经济学的批判，是不可回避的重大理论问题。萨缪尔森作为对世界有重大学术影响的经济学家，对马克思经济学说，特别是对马克思劳动价值论和商品价值向生产价格转形问题批判的学术影响依然存在，对这笔遗产需要不断进行清理。

8.《关于供给侧结构性改革的政治经济学分析》

作者：丁任重

期刊：《经济学家》

刊期：2016年第3期

自2015年11月以来，"供给侧改革"这个新词开始在我国财经界频繁地被提及。11月3日，公开发表的《中共中央关于制定国民经济和社会发展第十三个五年规划的建议》提出："培育发展动力，优化劳动力、资本、土地、技术、管理等要素配置，激发创新创业活力，推动大众创业、万众创新，释放新需求，创造新供给，推动新技术、新产业、新业态蓬勃，加快实现发展动力转换。"11月10日，在中央财经领导小组第十一次会议上，习总书记强调，在适度扩大总需求的同时，着力加强供给侧结构性改革，着力提高供给体系质量和效率，增强经济持续增长动力。11月11日召开的国务院常务会议，也提出以消费升级促进产业升级，培育形成新供给新动力扩大内需。11月17日，习主席在亚太经合组织工商领导人峰会的发言中提出，中国经济"必须下决心在推进经济结构性改革方面做更大努力，使供给体系更适合需求结构的变化"。

9.《不能照搬"诺瑟姆曲线"来研究中国的城镇化问题》

作者：段学慧、侯为波

期刊：《河北经贸大学学报》

刊期：2012年第4期

"诺瑟姆曲线"是对西方国家城镇化的一种实证分析，不具有普遍性。我国的城镇化不能走西方的老路，要在反思西方城镇化道路的基础上，结合中国国情，走中国特色的城镇化道路；要以农村城镇化为重心，走城乡协调发展之路；要以科学发展观为指导，以新型工业化为动力，走新型城镇化道路。

10.《论建设中国特色社会主义政治经济学为何和如何借用西方经济学》

作者：方福前

期刊：《经济研究》

刊期：2019年第5期

西方经济学是一个内涵丰富、外延有些模糊的概念。大体上说，从纵向上看，它包括17世纪以来到现在产生于西方市场经济国家的经济学说；从横向上看，它包含各式各样的西方经济学流派、思潮和分支。它是资本主义市场经济的伴生物。随着资本主义市场经济兴起而产生的西方经济学，产生伊始便具有二重性：为资本主义市场经济制度提供理论支柱的辩护性和揭示资本主义市场经济内在联系和运行规律的科学性。19世纪30年代以后这种辩护性又演变成庸俗性。20世纪30年代以来的现代西方主流经济学主要是在资本主义制度不变的假设前提下研究市场经济一般，这些研究成果中许多是积极的、有益的。中国特色社会主义政治经济学应当是马克思主义政治经济学融通了中外现代哲学社会科学的积极成果在当代中国的发展，是马克思主义政治经济学的中国化、现代化和大众化。在现阶段，它主要是中国社会主义市场经济学，它以马克思主义政治经济学为指导，扎根于中国改革开放和社会主义现代化建设的伟大实践。根据理论的政治性色彩，西方经济学的理论可以划分为政治性的经济理论、主干性的经济理论和基础性的经济理论，通过对这三类理论相应地实施"剔除术""整形术"和"移植术"，吸收和融通其有益成分为创建中国特色社会主义政治经济学之用，将会有益于中国特色社会主义政治经济学的发展繁荣。

11.《基本经济制度是所有制关系、分配关系、交换关系的有机统一》

作者：方敏

期刊：《政治经济学评论》

刊期：2020年第2期

《中共中央关于坚持和完善中国特色社会主义制度推进国家治理体系和治理能力现代化若干重大问题的决定》明确提出，公有制为主体、多种所有制经济共同发展，按劳分配为主体、多种分配方式并存，社会主义市场经济体制等社会主义基本经济制度，既体现了社会主义制度的优越性，又同我国社会主义初级阶段的社会生产力发展水平相适应，是党和人民的伟大创造。这一重要论断是马克思主义政治经济学在当代中国改革与发展实践中的具体运用，是中国特色社会主义政治经济学的一个重大理论命题。经济制度，不论其层次高低和涉及范围如何，都是关于人们的经济行为和经济利益的规定，属于生产关系的范畴。基本经济制度规定了社会中最核心的生产关系，包括最基本的所有制关系、分配关系和交换关系等。由所有制关系、分配关系、交换关系构成的基本经济制度，与我国社会主义初级阶段的社会生产力水平相适应，鲜明地体现了中国特色社会主义生产方式的基本特征。

12.《一般均衡理论的价值基础》

作者：冯金华

期刊：《经济研究》

刊期：2012年第1期

长期以来，人们一直猜想，在一般均衡价格与价值之间存在某种确定的联系。然而直到今天，这一猜想仍然未能得到严格的证明。现在，西方的主流经济学家们已经不再去探寻隐藏在一般均衡价格背后的价值基础，而仅仅满足于只是对一般均衡价格本身进行表面和肤浅的讨论。现代西方主流经济学中的一般均衡理论缺乏应有的价值基础。近年来试图建立马克思主义的一般均衡理论的努力也一直未能成功。然而，根据马克思的劳动价值论可以证明，在假定社会总产品的价格总量等于价值总量、平均利润总量等于剩余价值总量的条件下，必然有且仅有一个恰好等于相应价值向量的一般均衡价格向量。这意味着，一般均衡理论完全可以建立在劳动价值论的基础之上。本文首先根据马克思关于两大部类社会总产品构成的理论，建立包括技术关系在内的价值体系和相应的价格体系；其次，根据经济合理性的要求证明在价格体系中存在有正解，即存在有所谓的一般均衡价格向量；并求解一般均衡价格向量的具体表达式，说明在价格体系中存在有无穷多的一般均衡价格向量，最后，结合简单再生产、扩大再生产以及一般意义上的再生产等各种不同情况，通过引入价格总量等于价值总量以及平均利润总量等于剩余价值总量的假定，从无穷多的一般均衡价格向量中确定一个"标准"的价格向量，并证明这个标准价格向量必然等于相应的价值向量，亦即证明，在两个总量相等的假定条件下，每一种商品的一般均衡价格都必然等于它们的价值。

13.《国际价值、国际生产价格和利润平均化：一个经验研究》

作者：冯志轩

期刊：《世界经济》

刊期：2016年第8期

本文通过扩展 Morishima – Ochoa 方法，利用国际投入产出数据库测算了世界市场上的国际价值和国际生产价格，得到国际生产价格是世界市场价格主要调节者的结论。与以往有关经验研究的结论不同，本文发现价值和生产价格对市场价格解释力相近的结论可能是不成立的。本文还对调节资本长期均衡利润率进行了测算，证实世界市场上存在利润平均化趋势，从而支持了世界市场上国际生产价格主导市场价格的结论。同时，本文发现国际利润平均化主要发生在行业之间而非国家和地区之间，为不平等交换理论提供了支持。

14.《中国乡村振兴战略视域下的农民分化及其引申含义》

作者：高帆

期刊：《复旦学报（社会科学版）》

刊期：2018年第5期

改革开放以来，我国农民群体的异质化特征在不断增强，实施乡村振兴战略需要深刻理解农民分化现象。本文在辨析农民和农民分化概念的基础上，指出在经济学维度，要素配置方式是分析我国农民分化的恰当切入点。依据要素配置方式，可以将我国农民划分为传统农民、离乡农民、离土农民、内源式新型农民、外源式新型农民五种类型。这种类型分化是农民个体差异性与制度变革因素交互作用的结果，我国农民分化在优化资源配置的同时也加剧了农村内部的经济不平等。实施乡村振兴战略必须注意从农民分化中引申的理论和政策含义，在理论层面要形成耦合本土化特征的城乡关系分析框架，在实践层面要着力提高涉农政策的系统性、瞄准性和针对性。

15.《马克思经济学"术语的革命"与中国特色"经济学说的系统化"》

作者：顾海良

期刊：《中国社会科学》

刊期：2016年第11期

马克思逝世后的1886年，在为《资本论》第一卷英译本写的序言中，恩格斯从经济思想史和经济学理论体系的角度，对马克思经济学"术语的革命"做了阐释。"一门科学提出的每一种新见解都包含这门科学的术语的革命。化学是最好的例证,它的全部术语大约每20年就彻底变换一次,几乎很难找到一种有机化合物不是先后拥有一系列不同的名称的。政治经济学通常满足于照搬工商业生活中的术语并运用这些术语,完全看不到这样做会使自己局限于这些术语所表达的观念的狭小范围。例如,古典政治经济学虽然完全知道,利润和地租都不过是工人必须向自己雇主提供的产品中无酬部分的一部分、一份,但即使这样,它也从来没有超出通常关于利润和地租的概念,从来没有把产品中这个无酬部分,就其总和当作一个整体来研究过,因此,也从来没有对它的起源和性质,对制约它的价值的以后分配的那些规律有一个清楚的理解。同样,一切产业,除了农业和手工业以外,都一概被包括在制造业这个术语中,这样,经济史上两个重大的、本质不同的时期即以手工分工为基础的真正工场手工业时期和以使用机器为基础的现代工业时期的区别,就被抹杀了。不言而喻,把现代资本主义生产只看作是人类经济史上一个暂时阶段的理论所使用的术语和把这种生产形式看作是永恒的、最终的阶段的那些作者所惯用的术语,必然是不同的。"恩格斯的阐释对当代中国特色"系统化的经济学说"建设及发展有着重要启示,"术语的革命"应该成为中国特色社会主义政治经济学学术话语体系建设的重要内涵。

16.《新发展理念与当代中国马克思主义经济学的意蕴》

作者:顾海良

期刊:《中国高校社会科学》

刊期:2016年第1期

党的十八届五中全会通过的《中共中央关于制定国民经济和社会发展第十三个五年规划的建议》,是今后五年经济社会发展的行动指南,是决战决胜全面建成小康社会的纲领性文件。这一纲领性文件提出的创新、协调、绿色、开放、共享五大发展理念,直面中国经济社会发展的现实问题,以强烈的问题意识，致力于破解发展难题、增强发展动力、厚植发展优势，成为制定国民经济和社会发展"十三五"规划的指导思想和中心线索。由创新、协调、绿色、开放、共享这五个方面构成的新发展理念，实际上也是决战决胜全面建成小康社会历史进程中当代中国马克思主义政治经济学的新成就。

17.《习近平新时代中国特色社会主义经济思想与"系统化的经济学说"的开拓》

作者：顾海良

期刊：《马克思主义与现实》

刊期：2018 年第 5 期

2015 年 11 月，习近平总书记在主题为"不断开拓当代中国马克思主义政治经济学新境界"的讲话中，对中国特色"系统化的经济学说"发展的历史背景和社会根源及其实践基础和基本特征、时代意义和思想境界等问题做了阐释。党的十八大以来，中国特色"系统化的经济学说"的发展，是以"进行第二次结合"即马克思主义政治经济学基本原理与当代中国实际相结合为基本特征和学理依循，以解放和发展生产力为根本指向和重大原则，以新发展理念为主导理念和主要内容的。对于中国特色"系统化的经济学说"，习近平新时代经济思想做过两次重要概括。这两次概括交相辉映、结为一体，开拓了中国特色"系统化的经济学说"探索的新境界。党的十九大之后，以现代化经济体系建设为新课题，习近平新时代中国特色社会主义经济思想对"系统化的经济学说"做了新的探索。

18.《回到马克思：对生产力—生产方式—生产关系原理再解读》

作者：郭冠清

期刊：《当代经济研究》

刊期：2020 年第 3 期

对于社会发展究竟是否存在"生产力—生产方式—生产关系"原理，

学术界分歧依然严重。除了对"生产力—生产关系"原理的认知根深蒂固外，分歧的主要原因之一是对马克思的手稿、书信和著作寻章摘句的论述方法，不足以征服反对者，因为反对者同样可以找到反证，这些反证不仅在马克思1846年12月28日致安年科夫的信中存在，在《哲学的贫困》中存在，而且在《政治经济学批判》（1861—1863年手稿）、《资本论》中同样存在。《马克思恩格斯全集》历史考证版（MEGA2）的"全面性、完整性、客观性、过程性"特征为重新解读"生产力—生产方式—生产关系"原理创造了条件。抛弃先入为主的错误观念，通过考证不难发现，唯物史观核心命题"生产力—生产方式—生产关系"贯串从《德意志意识形态》手稿到《资本论》的始终。正确理解关键范畴"生产方式"不仅可以消除"反证"问题，而且也有助于从"生产力决定论"中走出。重新解读的"生产力—生产方式—生产关系"原理为新时代中国特色社会主义市场经济建设提供了方法论指导。

19.《习近平新时代中国特色社会主义经济思想的源流和主线》

作者：韩保江、王佳宁

期刊：《改革》

刊期：2018年第3期

习近平新时代中国特色社会主义经济思想是中国特色社会主义政治经济学的最新成果。从理论渊源来看，它不仅充分继承了马克思主义政治经济学的立场、观点和方法，而且充分继承了中国特色社会主义经济发展思想，同时注意吸收了中国传统文化的营养和当代西方经济学中的有益成果。从科学内涵来看，它是涵盖了"一个新发展理念"和"七个坚持"的有机整体。习近平新时代中国特色社会主义经济思想需要在决胜全面建成小康社会和全面建设现代化强国的新实践中坚持和发展。

20.《坚持以人民为中心的发展思想》

作者：韩喜平

期刊：《思想教育理论导刊》

刊期：2016 年第 9 期

坚持以人民为中心的发展思想是对马克思主义发展理论的基本精神内核的坚守和发展，是对西方发展理论局限性的超越，其精神实质体现了中国共产党的执政理念和中国特色社会主义制度的优越性，指明了全面建成小康社会，实现中华民族伟大复兴中国梦要坚持的基本原则和具体路径。

21.《改革开放以来发展理念和相应的经济发展理论的演进——兼论高质量发展的理论渊源》

作者：洪银兴

期刊：《经济学动态》

刊期：2019 年第 8 期

由高速增长转向高质量发展符合量变到质变的发展规律。发展从邓小平提出是"硬道理"到习近平强调为"执政兴国第一要务"，意味着高质量发展的基础是发展。现代化是发展中国家的发展目标。现代化从"三步走"到"两个一百年"奋斗目标不仅表明了中国特色社会主义现代化的进程，也指出了高质量发展的目标。从科学发展观到新发展理念指出了高质量发展的内涵。从需求侧改革到供给侧结构性改革指出了实现高质量发展的基本路径。从对外开放到开放发展指出了经济全球化新背景下高质量发展的要求。研究经济发展思想的演进可以加深对习近平新时代中国特色社会主义经济思想的理解，同时可以为建构系统的中国特色发展经济学提供理论指导。

22.《政府与市场关系论》

作者：胡钧

期刊：《当代经济研究》

刊期：2013 年第 8 期

十八大报告要求"加快完善社会主义市场经济体制"，指出"经济体制改革的核心问题是处理好政府与市场的关系，必须更加尊重市场规律，更好发挥政府作用"。这指明了当前完善社会主义市场经济体制的基本内容和根本目标。理论界一些人由于对社会主义市场经济体制的内涵缺乏理论认识，把它解释为市场在资源配置上起根本、主导作用，政府、计划的作用则是弥补市场缺陷。这种认识没有弄清谁是矛盾的主要方面，谁是矛盾的次要方面，把政府与市场的地位和作用弄颠倒了，这非常不利于完善社会主义市场经济体制，阻碍科学发展观的贯彻。必须把颠倒了的关系颠倒过来，确立根据科学发展观要求制定的经济社会发展规划在资源配置上的主导地位，更好地发挥政府作用。

23.《贸易平衡、财政赤字与国内大循环经济发展战略》

作者：贾根良

期刊：《财经问题研究》

刊期：2020 年第 8 期

贸易平衡是认识"国内大循环为主体、国内国际双循环相互促进的新发展格局"的基本出发点。与人们的直觉相反，贸易平衡或略有逆差的发展模式不仅比贸易顺差能够创造更多的就业机会、增加更多的国民收入，而且也可以解决中国贸易顺差时代的国内通货膨胀问题。在从国际大循环向国内大循环的战略大转型中，财政赤字发挥着关键性作用，它不仅可以使过剩产品的价值在国内得到实现，而且还会将其转变为强大的生产力，实现充分就业与物价稳定的双重政策目标，极大地促进国内经济的繁荣并持续提高人民的生活水平。为了确保主权政府赤字开支的财政能力、解放财政生产力、发挥其作为国内大循环新引擎的巨大作用，中国必须保障财政主权即基础货币发行垄断权的完整性，建立起人民币基础货币发行的新机制。

24.《中国工业化和城镇化的特殊性分析》

作者：简新华

期刊：《经济纵横》

刊期：2011 年第 7 期

进入 21 世纪以来，我国提出要走中国特色的新型工业化道路和城镇化道路，这是我国实现现代化的重要战略方针。提出这两条道路的主要依据在于，我国的工业化和城镇化与其他国家的工业化和城市化相比，具有许多不同的特点，特别是与发达国家的工业化和城市化有鲜明的区别。中国工业化和城镇化与发达工业化国家相比，在工业化和城镇化的时代背景、国情条件、发展过程、实现道路等方面都具有不同特点，这是中国提出走中国特色新型工业化道路和中国特色城镇化道路的主要依据。

25.《市场经济只能建立在私有制基础上吗？——兼评公有制与市场经济不相容论》

作者：简新华、余江

期刊：《经济研究》

刊期：2016 年第 12 期

市场经济需要企业自主经营、自负盈亏、产权明晰。公有制企业通过转机改制、实行现代企业制度，能够适应市场经济的要求，从而使公有制能够与市场经济相结合。市场经济并不是只能建立在私有制基础上，以市场经济只能建立在私有制基础上的看法推导出的中国发展市场经济必须实行私有化的结论不能成立。中国社会主义初级阶段的经济是商品经济或者市场经济的基本条件是存在社会分工和多种不同的所有制。此条件下，即使在公有制经济内部，不同的企业或者经济单位的产出和资源利用效率不一样，为了鼓励企业提供更多更好的产出、提高资源利用效率，必须允许企业拥有相对独立的经济利益，社会不能无偿占用或者调拨企业的产出，企业之间也必须实行等价交换，否则会挫伤企业和职工的积极性，造成资源的低效利用甚至浪费。公有制企业的生产和交换也是商品生产和交换，公有制经济也是商品经济或者市场经济。社会主义市场经济理论和邓小平关于计划与市场的论述，并不违背马克思主义政治经济学的商品经济和社会主义经济运行特征的基本原理，并不否定社会主义经济发展到高度成熟发达的高级阶段、所有制演进到单一公有制的时候，将不再是商品经济或者市场经济的长远趋势。

26.《建立解决相对贫困的长效机制》

作者：蒋永穆

期刊：《政治经济学评论》

刊期：2020年第2期

对贫困问题的高度关注和深入分析，是马克思主义经济学的重要内容。马克思、恩格斯不仅研究了资本主义制度下的绝对贫困问题，而且阐释了劳动者可能存在的相对贫困状况，解决相对贫困是马克思主义贫困理论的重要组成部分。进入工业社会以来，伴随着生产力的快速发展和进步，人类社会对贫困问题的关注日益增长，世界各国采取了一系列减贫措施，不仅在消除绝对贫困方面成效显著，而且在缓解相对贫困方面发力有效。消除贫困，消除两极分化，实现全体人民共同富裕，是中国共产党人持之以恒的价值追求。新中国成立70多年来，党和国家带领全国人民艰辛探索，持续破解贫困难题，走出了中国特色的减贫道路。改革开放40多年来，8亿多人口实现脱贫；全球范围内每100人脱贫，就有70多人来自中国；党的十八大以来，贫困人口由9899万人减少到600多万人，连续7年每年减贫规模都在1000万人以上，相当于欧洲一个中等国家的人口规模。2020年，我们即将消除绝对贫困，实现全面小康。在这样的关键节点，党的十九届四中全会的《公报》强调，"坚决打赢脱贫攻坚战，巩固脱贫攻坚成果，建立解决相对贫困的长效机制"。明确提出并着力建立解决相对贫困的长效机制，既是马克思主义贫困理论中国化的科学应用，又是对人类社会减贫规律的基本遵循，还是构建中国特色社会主义制度体系的重要制度安排。

27.《生产结构、收入分配与宏观效率——一个马克思主义政治经济学的分析框架与经验研究》

作者：李帮喜、刘充、赵峰、黄阳华

期刊：《经济研究》

刊期：2019 年第 3 期

在社会主要矛盾发生了深刻变化的背景下，如何以马克思主义政治经济学的基本原理为基础，构建一个系统研究收入分配结构调整、经济结构变动和宏观效率提升三者之间关系的理论框架，测度和评价中国宏观效率的变化，是新时代创新和发展马克思主义政治经济学的一项重要任务。现有文献对收入分配结构调整、经济结构变动和宏观效率提升三者之间的关系鲜有系统性研究。将马克思的再生产图式拓展为由固定资本、一般性生产资料、消费资料组成的"马克思—斯拉法"型三部类结构表，并利用中国 1987—2015 年的投入产出表，刻画投资驱动型增长下收入分配与宏观效率之间的关系。文章测算了中国经济的"工资—利润"曲线，再根据实际与潜在收入分配结构之间的偏离度，评价了中国宏观效率提升的空间。结果表明，利润率出现了下降的趋势，符合马克思的理论预测；利润率的下降主要归因于外延式增长方式下固定资本投资快速增长引起的资本有机构成提高；对宏观经济效率的分析表明，在传统增长方式之下，改善宏观经济效率的空间极为有限，必须转变经济发展方式，打造经济增长新动能。

28.《"亚细亚生产方式"再探讨——重读〈资本主义生产以前的各种形式〉的思考》

作者：李根蟠

期刊：《中国社会科学》

刊期：2016 年第 9 期

亚细亚生产方式是马克思对原始社会形态初创性的理论概括，其内涵是以原始共同体土地共同所有制为核心的原始共产主义。马克思以留存于文明世界中的公社残片为依据，运用逆向推演和残片复原相结合的方法，在材料相当缺乏的情况下成功地揭示了原始社会生产关系最基本的特点。将经过抽象而形成的亚细亚生产方式的"一般"概念，同它依以抽象的素材的亚洲村社及东方社会实态区分开来，是正确理解亚细亚生产方式的关键。关于亚细亚生产方式以及相关的亚细亚所有制形式的研究，可以包括两方面：一是如何正确理解其内涵，二是如何将它应用于历史的研究。正确理解是正确应用的前提。本文主要探索亚细亚生产方式以及相关的亚细亚所有制形式的内涵。

29.《认识和掌握社会主义市场经济三个层次的规律》

作者：李建平

期刊：《经济研究》

刊期：2016 年第 3 期

社会主义市场经济三个层次的规律是客观存在的，具有不以人的意志为转移的历史必然性；它们又是不可或缺的，只承认商品运动的规律而否认资本运动的规律，或者只承认前二者而否认社会主义经济的规律，都是片面的、脱离中国现阶段实际的。这三个层次的规律有各自的作用，商品运动的规律和资本运动的规律是市场经济的一般规律，如若否定了它们，那就否定了市场经济；社会主义经济规律则是社会主义市场经济的特殊规律，在各种规律中起着支配和制约作用，体现了中国社会主义经济的性质和特色。这三个层次的规律相互依存、相互渗透，共同构成了社会主义市场经济的规律体系。我们的任务是在经济发展过程中深入认识规律，不断把握规律，积极运用规律，推动我国的社会主义建设事业取得一个又一个的胜利。

30.《货币国定论：后凯恩斯主义货币理论的新发展》

作者：李黎力、贾根良

期刊：《社会科学战线》

刊期：2012 年第 8 期

全球金融危机吸引了诸多学者关于货币理论的探讨，特别是进一步引发了对现代主流货币理论的质疑。在此背景下，以后凯恩斯主义经济学家为主体的一批学者在后凯恩斯经济学理论框架内复兴和发展了 20 世纪的货币国定论，并在现代货币体系下系统地阐述了新货币国定论。同主流货币理论相比，该理论更加契合历史事实和人类记录，在经验上也更具说服力。其洞见非常适用于当代财政和货币政策研究，有利于揭示金融化经济下金融危机的本质，为危机下政府的经济刺激计划提供理论依据，并且恰能为中国破解美元霸权、实施主权信贷从而发展国民经济提供相关理论基础和经验启示。然而，该理论在精确模型化表述以及与后凯恩斯主义其他货币理论之间的综合尚待进一步研究。

31.《虚拟经济背离与回归实体经济的政治经济学分析》

作者：李连波

期刊：《马克思主义研究》

刊期：2020 年第 3 期

金融化是虚拟经济脱离实体经济而过度发展的结果，传统的解释往往将之归因于实体经济利润率下降后过剩资本在金融领域寻找出路。这种解释主要从周期性而非长期性的视角来理解金融化，忽视了资本主义信用制度和金融创新的长期发展。资本主义虚拟资本积累本身就具有脱离实际资本积累的内在冲动。在资本主义信用制度中，虚拟积累独立于现实积累的可能性已经具有了现实性。同时，资本主义信用制度的发展催生了一个食利者阶级，它们在特定条件下能够占据统治地位。从资本的概念本身来看，资本具有摆脱一切物质束缚而实现自由逐利的欲望，即通过自主化运动逐渐远离价值增殖的物质基础。然而，虚拟资本的过度积累最终会回归其货币基础与价值基础。

32.《美国员工持股计划及其对我国国企改革的启示》

作者：李政、艾尼瓦尔

期刊：《当代经济研究》

刊期：2016 年第 9 期

混合所有制经济实行员工持股，有助于提升国有企业的竞争力，为国有企业的长远发展增添活力。但其在国企中的推行和有效运作需要具体的制度安排做保障。我国的员工持股实践与美国等发达国家相比还处于起步阶段，有关制度安排还不够完善，这会影响员工持股制度应有潜力的充分发挥。美国员工持股计划自 1974 年获得官方认可，发展已有四十余年之久，是世界范围内比较成功的员工所有制形式。深入了解美国员工持股计划的理论渊源、运行机制、特征、发展概况和它对企业业绩的影响以及它的局限性，可以为我国国有企业推行员工持股提供参考。在国有企业中推行员工持股，应当围绕"形成资本所有者和劳动者利益共同体"和"建立激励约束长效机制"这样的目标设定具体的制度安排。

33.《国企改革的困境及出路：基于动态关系治理的新视角》

作者：刘灿、韩文龙

期刊：《当代经济研究》

刊期：2014 年第 2 期

从 1978 年以来，我国国有企业的改革实践已经经历了"放权让利""两权分离"和建立"现代企业制度"三个阶段。在对国有企业改革的理论探讨上，国内外学者提出了不同的分析视角，如科尔奈的政府与国企的"父子关系"论和预算软约束假说、西方的产权理论、公司治理理论、市场竞争理论等，这些理论都曾被用来分析中国的国有企业改革，甚至可以说，正是在这些理论的影响下，国企改革取得了很大的成绩。然而，近几年来从市场竞争、公司治理等方面进行改革所释放出来的生产力也呈现了边际效率递减的趋势。现阶段，面对国企改革实践中出现的一些新问题，原有的理论不能给予较好的理论解释。新一阶段的国企改革仍然面临着国企的性质和定位、与政府的关系、效率、内部治理和利益分配等困境，需要从动态关系治理的视角来分析国企改革中面临的问题。国企的动态关系主要包括：政府、市场与国企的关系，市场中的竞争秩序关系，企业内部治理关系，利益分配关系和社会公众对国企的期望关系等。国企动态关系治理的实质就是对这些秩序和利益关系的再调整。

34. 《论社会主义市场经济中政府和市场的关系》

作者：刘凤义

期刊：《马克思主义研究》

刊期：2020 年第 2 期

政府和市场关系是市场经济体制中的重要关系，无论是在资本主义市场经济中还是在社会主义市场经济中都是如此，习近平称之为一道"经济学上的世界性难题"，在我国如何处理好二者的关系也始终是我们经济体制改革的核心问题。西方经济学者关于政府和市场关系的认识存在两个明显缺陷：一是在方法论上是形而上学的"二分法"，以"大市场小政府"或者"小市场大政府"来形容政府和市场的关系；二是在认识层次上仅仅停留在经济运行的表面，把政府看作公共利益的代表，所以政府的经济行为就是提供公共产品、弥补市场失灵。但认识政府和市场关系要深入政府和市场关系背后的深层关系中去理解。我们通常认为政府和市场的关系是经济体制层面的问题，但实践证明，如果仅仅停留在经济体制层面，是无法认清二者关系背后的本质的。依据马克思主义政治经济学基本原理和方法，政府和市场关系的实质是国家和市场的关系，国家性质、所有制性质决定了政府和市场关系的本质特征。我国社会主义市场经济是在中国共产党的领导下，坚持以人民为中心的发展思想，通过不断发展壮大公有制经济，做强做优做大国有企业和国有资本，制定经济计划、中长期规划、重大发展战略等，探索社会主义制度和市场经济两方面优势的有机结合，构成了社会主义市场经济中政府和市场关系的显著特征。

35.《中国经济体制改革的方向、目标和核心议题》

作者：刘国光、王佳宁

期刊：《改革》

刊期：2018 年第 1 期

改革开放伟大成就的取得，与经济体制改革的持续推进、不断深化密切关联。我国抓住经济体制改革这个全面深化改革的重点，坚持社会主义市场经济改革方向，加快发展社会主义市场经济，开创和发展了中国特色社会主义。党的十九大报告指出，要贯彻新发展理念，建设现代化经济体系，加快完善社会主义市场经济体制。经济体制改革是全面深化改革的重点，在全面深化改革中发挥着牵引作用。深化中国经济体制改革，应坚持社会主义市场经济体制改革方向，以坚持和完善社会主义基本经济制度为制度基础，抓住政府与市场关系这个核心问题，正确认识和处理好公平与效率、先富与共富、民富与国富的关系。在深化中国经济体制改革过程中，要不断发展完善中国特色社会主义政治经济学。

36.《信息产品与平台经济中的非雇佣剥削》

作者：刘皓琰

期刊：《马克思主义研究》

刊期：2019 年第 3 期

数字信息技术的进步推动了平台经济的发展，并催生了信息产品的出现。信息产品的价值来源是数字劳动，数字劳动具备生产性劳动的特征，其价值量也同样由社会必要劳动时间决定。信息产品可以被划分为最终产品和流通工具两种形式，它们在资本积累的过程中起着不同的作用。一方面，从生产的角度看，生产的时空界限被打破，越来越多的数字工人包括普通网民加入生产过程当中，更多的信息产品被商品化；另一方面，从流通的角度看，信息的采集和处理能力成为加速商品流通和节省交易成本的关键要素，供需双方可以在短时间内快速对接，资本的周转能力得到了前所未有的强化。因此，随着数字信息技术和劳动组织形式的演进，提升对信息产品的关注，是我们理解平台经济和当代资本主义剥削方式的关键。

37.《中国特色社会主义政治经济学核心理论定位研究》

作者：刘谦、裴小革

期刊：《经济学家》

刊期：2019 年第 1 期

中国特色社会主义政治经济学核心理论的定位需要考虑以下两个基本原则：一方面，核心理论的定位需要立足于社会主义初级阶段，鲜明体现这一理论体系所产生的时代背景的具体特征；另一方面，核心理论的定位同样需要从方法论意义上借鉴马克思在构建其经济学体系时所遵循的原则。以上述两个基本原则为依据，可以将社会主义市场经济理论确立为这一理论体系的核心。具体原因在于：首先，这一理论完整反映了现阶段我国在构建中国特色社会主义政治经济学理论体系时所处的具体时代特征——以市场经济为依托发展社会生产力；其次，我国对于社会主义与市场经济融合的可能性以及融合的具体方式的探索自完成社会主义三大改造时起就在持续进行；最后，在这一理论体系当中，生产资料所有制理论、宏观调控理论、经济发展理论以及收入分配理论等，都是围绕构建和完善社会主义市场经济理论而存在的。

38.《在马克思主义与中国实践结合中发展中国特色社会主义政治经济学》

作者：刘伟

期刊：《经济研究》

刊期：2016 年第 5 期

坚持运用马克思主义政治经济学原理指导中国社会主义经济发展，坚持在中国特色社会主义经济实践中发展当代马克思主义政治经济学，这是建设中国特色社会主义政治经济学的基本出发点。社会主义政治经济学是研究社会主义生产方式发展运动规律的学说。中国特色社会主义事业正处在艰苦探索和努力创新的历史进程中，因而特别需要政治经济学的指导；中国特色社会主义的伟大实践，不仅对社会主义政治经济学提出了强烈的需求，而且创造着理论自信。中国特色社会主义政治经济学的历史观在于坚持解放和发展生产力的历史唯物主义原则；中国特色社会主义政治经济学的核心命题在于考察如何坚持社会主义市场经济改革方向；中国特色社会主义政治经济学的主要任务在于分析如何调动各方面的积极性；中国特色社会主义政治经济学在现阶段的根本目的在于阐释如何防止陷入"中等收入陷阱"。

39.《中国特色社会主义基本经济制度是解放和发展生产力的历史要求》

作者：刘伟

期刊：《政治经济学评论》

刊期：2020 年第 2 期

基本经济制度即生产关系的制度体现，生产关系的确立及变革取决于生产力的性质和发展要求，一定国家一定历史时期基本经济制度的选择取决于解放和发展生产力的历史要求。本文从"封建经济解体后中国为何没有走向资本主义经济社会""社会主义社会为什么要建立公有制为主体的所有制结构和与之相适应的按劳分配为主体的分配方式"和"中国特色社会主义基本经济制度是改革开放实践创造的"这三方面，以"生产力决定生产关系"的唯物史观基本原理为方法论，得出了"中国特色社会主义基本经济制度是解放和发展生产力的历史要求"这一结论。

40.《基于社会生产和再生产模型的国际价值量决定机理研究》

作者：刘晓音、宋树理

期刊：《世界经济》

刊期：2017年第10期

国际价值量的决定机理一直是马克思劳动价值论在国际经济领域发展面临的重大课题。本文基于马克思的劳动价值论，利用社会生产和再生产模型，建立用于任意国际交换商品的单位国际价值量与其国际生产价格之间的比例关系，证明无论是从静态的生产过程来看，还是从动态的再生产过程来看，都可以确定任意国际交换商品的唯一单位国际价值量决定方程。进一步讨论，任意国际交换商品的单位国际价值量决定方程结合其行业国际价值总量决定方程，可以说明两种含义世界必要劳动时间共同决定的任意国际交换商品的单位国际价值量的形成机理，并且可以更加合乎逻辑地解释钻石和水的价格决定、国际不平等交换等"经济之谜"。

41.《中国特色社会主义政治经济学研究对象的探索》

作者：刘学梅、郭冠清

期刊：《经济学家》

刊期：2019年第12期

中国特色社会主义政治经济学是正在形成和发展的当代马克思主义政治经济学，要建立能阐释中国特色社会主义发展道路并指导中国经济发展的"系统化学说"，关键和难点是确立正确的研究对象。本文结合政治经济学研究对象探讨的历程，对中国特色社会主义政治经济学研究对象所包含的历史阶段、社会主义性质、中国社会主义初级阶段下的政治经济学研究对象进行探索。研究发现，中国特色社会主义政治经济学研究的是中国社会主义初级阶段的生产方式以及相应的生产和交换条件。

42.《基于案例研究的混合所有制改革动因分析》

作者：刘震、张祎嵩

期刊：《学习与探索》

刊期：2015年第8期

混合所有制改革是中国当前经济运行中的重要议题，对于混合所有制改革利弊的争论自十八届三中全会公报发布之日起便在理论界展开。辩证地来看，混合所有制改革本身并没有绝对的利与弊，应该放在特定的历史背景下探讨具体改革动机、方向和措施。从现有的中信国安、中国建材和中粮集团等混合所有制改革的典型案例出发，结合本轮改革提出的基本经济、社会和政治环境、所有制格局，以及混合所有制宏观和微观两方面的理论内涵，可以总结出本轮改革的目标应服务于解决中国经济的粗放型、外向型增长方式的转变，同时缓解社会矛盾、维护政治稳定，在手段上应增强国有经济的竞争力和对国民经济的控制力，巩固中国社会主义初级阶段的基本经济制度。

43.《国有企业改制和上市不等于"混合所有制经济"——二评"资本混合型企业"的决策科学性》

作者：龙斧、王今朝

期刊：《社会科学研究》

刊期：2015年第1期

企业发展并非都要搞股份制，也并非都要上市，股份制与上市本身不代表一个国家经济制度或生产资料所有制性质的改变。在资本主义市场经济条件下，无论是股份制还是上市都不改变企业私有制的性质，因此既不等于也不代表混合所有制经济的出现；而购股者从来不是企业生产资料和资产生利的最大获益者，更不是生产资料的真正占有者。在社会主义市场经济条件下，国企是否改制采取股份制、是否选择上市，都不代表中国混合所有制经济的发展与否，而且其自身的企业性质、社会功能以及中国社会、经济发展所面临的问题也决定了当前改革的方向与任务不应是与私有资本的"混合"。

44.《经济脱实向虚倾向的根源、表现和矫正措施》

作者：卢映西、陈乐毅

期刊：《当代经济研究》

刊期：2018 年第 10 期

党的十九大提出"健全金融监管体系，守住不发生系统性金融风险的底线"的任务，实际上也要求我们重视对虚拟经济的研究，提出夯实实体经济和防范金融风险的对策。各国经济实践的经验表明，实体经济是大国崛起之本，而自由放任的虚拟经济则是系统性金融风险之源。坚定发展实体经济，守住不发生系统性金融风险的底线，是中国特色社会主义经济发展的重要抓手，也是避免周期性经济危机的可靠保证。我国虚拟经济发展迅速，在为经济增长做贡献的同时，也带来了不少问题和风险，经济脱实向虚倾向日益明显，已引起中央高度重视。从理论上说，虚拟经济的产生和发展是实体经济利润率趋向下降导致的规律性现象，对经济增长有"双刃剑"效应，应当因势利导、扬长避短。马克思是经济金融化领域的理论先驱，要矫正虚拟经济过度发展特别是脱实向虚倾向，需要从马克思的虚拟资本理论出发，进一步考察现代市场经济中虚拟经济与实体经济的辩证关系，在抑制虚拟经济资本回报率和推动实体经济全方位创新两方面共同发力。

45.《"里根革命"与"撒切尔新政"的供给主义批判与反思——基于马克思经济学劳资关系视角》

作者：鲁保林

期刊：《当代经济研究》

刊期：2016 年第 6 期

"里根革命"和"撒切尔新政"，导致"大企业、大工会、大政府"模式演变为"大资本、小工会、小政府"模式，政府权力被资本绑架，资本逻辑在经济增长和财富分配中占据支配地位。它牺牲工人利益去提高资本的盈利能力，不仅扩大了收入差距，而且加重了实体经济与虚拟经济的失调。"涓滴效应"也并未实现经济繁荣，反而导致收入两极分化。我国推进供给侧结构性改革一定要警惕把"产能过剩"完全归因于政府干预，把"僵尸企业"直接等同于国有企业，把"降成本"等同于"减税+降低工人的工资和福利"，以及以增强用工灵活性、改善劳动供给的名义修改《劳动合同法》等错误倾向。

46.《经济金融化行为的政治经济学分析——一个演化博弈框架》

作者：鲁春义、丁晓钦

期刊：《财经研究》

刊期：2016年第7期

自2008年美国金融危机发生以来，经济金融化成为国内外学界关注的焦点。文章从政治经济学的角度指出了金融化的本质在于资本积累演变为资本脱离剩余价值的生产与交换而通过金融系统实现增殖的过程，进而通过构建一个包含异质性主体的非对称演化博弈模型，揭示了非金融主体与金融主体之间从普通经济关系到金融关系的动态演变过程及其作用机制。研究表明：（1）经济主体之间的动态关系演变表现为非金融企业主要通过金融活动获取利润，金融企业则关注中间业务和表外业务并将普通家庭纳入其体系使之成为新的利润源泉，而普通家庭则被迫接受强势经济主体的二次分利，这些关系的变化将导致一国经济的金融化乃至金融危机。（2）经济发展状态取决于金融主体与非金融主体之间的相互关系，其中，非金融主体行为起主导性作用。在既定假设下，当非金融主体仅通过其资源保护行为影响金融主体的分利技术时，既可以促使一国经济走向新的稳定状态，也可以促使其走向崩溃；当非金融主体通过其资源保护行为和分利技术影响金融主体的分利技术时，经济可以实现演化稳定状态。（3）经济主体的金融化行为有三个层面的影响：一是经济主体的金融化行为促进经济主体自身在短期内实现高额资本积累；二是金融主体的分利行为与非金融主体的生产行为经常呈现对立的经济关系并容易被激化；三是没有政府介入的自由市场必然导致矛盾激化而陷入危机。因此，深入理解经济金融化问题的本质及其对经济的影响机制，对当前中国的经济转型和金融改革都具有重要意义。

47.《"供给侧结构性改革"在思想和实践上的新贡献》

作者：鲁品越

期刊：《马克思主义研究》

刊期：2020 年第 2 期

习近平总书记提出的"供给侧结构性改革"，立足于新时代中国特色社会主义市场经济实践，以马克思主义政治经济学理论为指导，批判吸收并彻底改造了西方经济学理论，从而对世界经济学，特别是马克思主义经济思想和实践做出新贡献，必将产生深远的影响。作为新时代经济工作主线的"供给侧结构性改革"，是应对社会主义市场经济中面临的过剩性产能问题的方案。它完全不同于西方经济学供给学派的观点和主张，在思想上与政策上对马克思主义政治经济学和世界经济学的理论与实践都做出了新贡献。其思想上的新贡献主要表现在确立以人民为中心的根本价值导向，以新发展理念为经济建设的遵循原则，以从速度型增长到高质量发展的转变为经济政策目标，以社会主义初级阶段基本经济制度为社会条件；其在具体政策的新贡献包括"三去一降一补"、脱贫攻坚、发展科学技术供给、提高劳动者素质等一系列具体政策内容与实施方式，并且随着实践的发展而不断发展。

48.《对供给侧结构性改革思路的马克思主义政治经济学再思考》

作者：罗丹、王守义

期刊：《改革与战略》

刊期：2016 年第 7 期

伟大的经济理论孕育在伟大的经济实践中，伟大的经济实践又必须由一系列的经济改革措施来支撑和发展，建设有中国特色的社会主义正是现当代中国人民实现中国梦的伟大实践，这一实践正在不断发展并催生了诸多经济、社会、政治等方面理论的创新，而这些创新的理论也在引导并推动着中国特色社会主义建设的方向和发展。在建设中国特色社会主义的征程和实践中，经济建设无疑是最基础和最重要的组成部分之一。经济新常态下的主要矛盾表现为：经济增长速度从高速转向中高速，要求经济发展方式要从规模速度型转向质量效率型；经济结构优化，要求经济结构调整要从增量扩能为主转向调整存量、做优增量并举；经济发展动力急需转换，要求发展动力要从主要依靠资源和低成本劳动力等要素投入转向创新驱动。在矛盾凸显之时，我国要进行供给侧结构性改革。文章将供给侧结构性改革思路作为研究对象，在相关学者研究的基础上，尝试从微观的马克思劳资关系理论、宏观的马克思制度演化理论到中观的积累的社会结构理论三个不同视角，对我国目前的供给侧结构性改革思路和隐藏在改革思路背后的理论逻辑进行再思考，这种再思考的目的是探索理论联系实际的方法和路径，找到思考问题的着眼点，从而更进一步、更深层次地推动中国特色社会主义政治经济学的完善与发展。

49.《非均衡与平均利润率的变化：一个马克思主义分析框架》

作者：孟捷、冯金华

期刊：《世界经济》

刊期：2016 年第 6 期

马克思的利润率下降理论是在假设再生产均衡的前提下讨论的。在现代马克思主义经济学中流行的"置盐定理"（Okishio Theorem）也建立在该假设之上。本文则从资本积累的基本矛盾以及由此产生的再生产失衡的立场出发，构建了一个新的解释平均利润率变动的模型。根据这个模型，平均利润率变化是由技术进步、实际工资和产品实现率这三个因素决定的。

如果在计量分析中能有效地解决这三个因素（尤其是产品实现率）的经验度量问题，则该模型也可为解释经济周期和危机的经验研究奠定理论基础。

50.《经济发展新常态中的主要矛盾和供给侧结构性改革》

作者：逄锦聚

期刊：《政治经济学评论》

刊期：2016年第2期

对我国经济发展新常态下主要矛盾和矛盾主要方面的判断，是供给侧结构性改革的重要理论和实践依据。我国经济进入新常态后呈现出的一些亟待解决的问题说明，我国处于并将长期处于社会主义初级阶段的社会主要矛盾是人民日益增长的物质文化需要与落后的生产力发展水平之间的矛盾，而其中落后的生产力发展水平处于矛盾的主要方面。在适度扩大总需求的同时，着力加强供给侧结构性改革，既不能照搬凯恩斯主义，也不能照搬以供给学派为理论基础的里根经济学，必须坚持以马克思主义政治经济学生产、分配、交换、消费关系和社会总产品实现的原理为指导，坚持中国特色社会主义政治经济学的八项重大原则：第一，坚持以人民为中心的基本原则；第二，坚持矛盾分析和抓住主要矛盾、解决主要矛盾的原则；第三，坚持解放生产力发展生产力和创新、协调、绿色、开放、共享的发展理念的原则；第四，坚持社会主义初级阶段基本经济制度不动摇的原则；第五，坚持和完善社会主义基本分配制度的原则；第六，坚持按比例分配社会劳动和协调发展的原则；第七，坚持社会主义市场经济改革方向，妥善处理政府与市场的关系的原则；第八，坚持对外开放基本国策不动摇的原则。

51.《中国特色社会主义政治经济学的民族性与世界性》

作者：逄锦聚

期刊：《经济研究》

刊期：2016年第10期

中国特色社会主义政治经济学是马克思主义政治经济学在当代中国的最新发展。无论从发展的历史看，还是从包含的内容看，中国特色社会主义政治经济学，都堪称马克思主义政治经济学基本原理与当代中国实践相结合，同时吸取中国历史优秀文明成果，借鉴世界上别国优秀文明成果的产物，是马克思主义政治经济学的最新发展，是中国化、时代化了的当代中国马克思主义政治经济学，标志着马克思主义政治经济学发展进入新的阶段。它既揭示了中国特色社会主义经济的特殊规律，也揭示了人类经济发展的一般规律，既具有民族性，也具有世界性，是中国人民智慧的结晶，也是人类的共同财富。中国特色社会主义政治经济学的民族性包含两重含义：一重含义是，基本立场、基本观点、基本方法的特殊性；另一重含义是，决定基本立场、基本观点、基本方法的基本国情基本实践的特殊性。中国特色社会主义政治经济学的世界性也包含两重含义：一重含义是在中国特色社会主义政治经济学的民族性中，包含着人类共同的价值追求，具有世界范围经济学理论的一般性和普遍性；另一重含义是中国特色社会主义政治经济学可以与别国经济理论与实践相互学习和借鉴。无论是民族性还是世界性，关键都在于创新。中国特色社会主义政治经济学只有立足于我国国情和实践，吸取优秀传统文化，同时又能认真吸取别国经济学的有益成分和实践经验，提出具有主体性、原创性的理论观点，构建具有自身特质的学术体系、话语体系，才能真正形成自己的特色和优势，并为世界经济和经济学理论的发展贡献中国智慧。

52.《数字经济的政治经济学分析》

作者：裴长洪、倪江飞、李越

期刊：《财贸经济》

刊期：2018年第9期

数字经济是一种更高级、可持续的经济形态，以信息通信技术为核心的技术手段对社会经济的各个方面起着前所未有的促进作用。本文在对数字经济的概念进行经济学解释的基础上，运用政治经济学原理分析了数字信息产品的社会再生产过程和数字产业的特点，探讨了数字经济微观主体和共享经济的特征。本文认为，数字经济的出现使得传统经济学理论面临挑战，迫切需要理论研究和创新来解释这一新的经济现象。

53.《网约车平台与不稳定劳工——基于南京市网约车司机的调查》

作者：齐昊、马梦挺、包倩文

期刊：《政治经济学评论》

刊期：2019 年第 3 期

网约车的迅速发展改变了人们的出行方式，同时也创造了大量就业机会。乘客和司机通过网约车平台取得联系并进行交易。平台解决了交易双方在路线、费用等方面的信息不对称问题。平台能够提高乘客和司机的位置匹配程度，缩短乘客等待时间并降低司机空驶率。平台给司机提供了灵活就业方式，增加了司机的收入。然而，网约车司机与平台之间没有法律意义上的雇佣关系，司机的工作从形式到内容都与传统工厂工作或服务业工作极为不同。司机自主决定劳动供给，自行提供车辆，进出市场的自由度高，没有传统工厂的纪律要求。从法律上应该如何认定平台与司机之间的关系问题在国内外都得到了广泛关注。随着互联网平台的发展和类似工作的增加，应该如何认定此类工作在法律上的性质是一个亟待解决的问题。本文利用对南京市网约车司机的问卷调查和访谈，揭示出有关网约车司机群体及其工作状况的基本情况，并分析了网约车平台与司机之间的关系。调查发现，网约车司机具有不稳定劳工的典型特征，他们脱离了保障雇佣关系的传统制度框架，面临较大的生活压力和工作压力。网约车平台扮演了"现代包买商"的角色，凭借对市场接入权的垄断获得剩余控制权，并通过数据和算法介入劳动过程。本文认为，网约车平台至少与全职司机构成了事实上的雇佣关系。

54.《唯物史观、动态优化与经济增长———兼评马克思主义政治经济学的数学化》

作者：乔晓楠、何自力

期刊：《经济研究》

刊期：2017 年第 8 期

如何创新发展马克思主义政治经济学，进而构建中国特色社会主义政治经济学成为中国经济学界面临的一个重大理论课题。由于数理分析与数学形式的表达较之于文字语言更加便于基于演绎逻辑的经济理论推理以及精确化的研究，特别是其在明确问题、简化形式、避免错误、提升规范化水平与学术交流效率方面具有优势，因此在研究方法层面，如何进行马克思主义政治经济学的数学化是推动理论创新发展的一个重要方面。本文以推动马克思主义政治经济学的创新发展为目标，以马克思主义最优经济增长理论为线索，在系统评述该理论的建模特点与主要结论的基础上，通过与西方经济学数学模型的对比辨析，对马克思主义政治经济学数学化的基本原则与建模思路进行了探讨。马克思主义政治经济学的本质就是一种"方法"，而该"方法"就是历史唯物主义，就是从生产力与生产关系的矛盾运动中去揭示经济社会发展与运行的规律。研究指出：马克思主义政治经济学并不排斥数学方法，但是对其进行数学化建模的过程必须要以坚持历史唯物主义的研究方法作为基本原则，即抓住生产力与生产关系这对矛盾及其运动来对经济社会的运行规律进行分析。具体而言，在坚持劳动价值论的基础上，构建一种包含工人与资本家两种行为主体，区分生产资料与消费资料两大部类，并且纳入剥削关系与迂回生产特点的动态模型可能是一种可行的建模思路。

55. 《〈资本论〉的创新性研究对于构建中国特色社会主义政治经济学的重大意义》

作者：邱海平

期刊：《马克思主义研究》

刊期：2020 年第 2 期

党的十八大以来，习近平总书记提出了"中国特色社会主义政治经济学"这一重要范畴，指明了全面深化经济体制改革必须坚持中国特色社会主义政治经济学的重大原则，批判了《资本论》和马克思主义政治经济学"过时论"，指明了坚持和发展中国特色社会主义政治经济学"要以马克思主义政治经济学为指导，总结和提炼我国改革开放和社会主义现代化建设的伟大实践经验，同时借鉴西方经济学的有益成分"的方法论原则，提出了"把实践经验上升为系统化的经济学说"的理论目标。在中国特色社会主义政治经济学理论体系的构建过程中，贯彻落实"以马克思主义政治经济学为指导"这一重大原则，需要全面正确认识马克思主义政治经济学的丰富内涵及其与中国特色社会主义政治经济学的关系，需要明确坚持和继承、创造性转化、创新性发展马克思经济学特别是《资本论》的理论成果。这也是构建中国特色社会主义政治经济学理论体系的重要途径和必经之路。

56. 《马克思主义政治经济学对于供给侧结构性改革的现实指导意义》

作者：邱海平

期刊：《红旗文稿》

刊期：2016 年第 3 期

马克思主义政治经济学是中国特色社会主义的理论基础，它不仅科学地揭示了人类社会经济发展的一般规律，而且科学地揭示了资本主义社会经济发展的特殊规律，并且对于社会主义经济发展也提出了科学的预见。自"供给侧结构性改革"概念提出以来，学术界提出了各种不同的解读。正确理解供给侧结构性改革，必须坚持以马克思主义政治经济学为指导；

也只有从马克思主义政治经济学的基本理论和方法出发，才能正确理解供给侧结构性改革中的一系列重大问题，避免陷入新自由主义的理论陷阱之中。

57.《我国新经济高质量发展的困境及其路径选择》

作者：任保平、何苗

期刊：《西北大学学报（哲学社会科学版）》

刊期：2020年第1期

我国已经进入经济高质量发展的新时代，高质量的发展模式要求提升自主创新能力，推动经济发展的新旧动能转换，提高核心竞争力，优化资源配置，发展生产力，提高生产效率，深化改革生产关系。在这个特殊的时代背景下，各种新的经济形态如同雨后春笋般应运而生。在我国经济高质量发展的过程中，"新经济"无疑是推动经济高质量发展不可或缺的重要力量。新经济是知识型经济、创新型经济、绿色型经济、共享型经济、开放型经济、数字化经济与个性化经济等七大经济类型的集中体现。在新一轮的科技产业革命浪潮中推动云计算、大数据、人工智能等新经济不断发展，对促进中国新经济的高质量发展具有重要意义。促进"新经济"发展是建设现代化产业体系、建设社会主义现代化国家的必然要求，同时也是应对新时代背景下我国所面临的不平衡不充分的社会主要矛盾的有效路径。新经济以技术创新为前提，将知识、数据作为新的生产要素，科技革命催生了新经济产业，数字经济与传统经济相融合形成新业态。目前我国数字经济发展面临着融合困境、融资困境、创新困境、就业困境和基础环境困境。针对这些困境，我国新经济高质量发展需要鼓励创新驱动，大力培育新动能，处理好传统经济与新经济的融合问题，解决好新经济领域的融资困境，重视人才培养，提供创新平台，重视新经济背景下的就业结构问题，为新经济的发展创造良好的制度和基础设施条件。

58.《新帝国主义的危机与新社会主义的使命——兼论21世纪马克思主义的核心问题与应对》

作者：宋朝龙

期刊：《探索》

刊期：2020年第4期

金融资本是在帝国主义体系下积累的，而帝国主义又分为旧帝国主义和新帝国主义。右翼民粹主义的崛起成为新帝国主义危机和趋向冒险的集中表现，并着力转嫁一些西方国家内部矛盾而掀起逆全球化的潮流。面对新帝国主义时代的社会矛盾，世界多地展开了多种形式的新社会主义探索。把社会发展从新帝国主义的桎梏中解放出来，成为新社会主义的历史使命，也是21世纪马克思主义的核心问题。为了应对这一核心问题，21世纪马克思主义需要批判新帝国主义的新自由主义意识形态、制度安排和政策体系，推动马克思主义与左翼政党结合以把民众从右翼民粹主义思潮中解放出来，在马克思主义政治经济学的科学逻辑中说明金融资本自我否定的规律，加强对金融帝国主义制度替代道路的研究，加强与全球化顶层设计的结合以克服新帝国主义逆全球化的趋势。

59.《在理念与能力之间：关于国企改革方向的第三种思路》

作者：宋磊

期刊：《经济学家》

刊期：2014年第8期

长期以来，关于国企改革方向的思路主要围绕理念和能力展开。但是，理念导向的第一种思路经历了"去理念化"转向，能力导向的第二种思路则有抽象化之嫌；同时，两种思路鲜有交集。这样的思考格局抑制了国企在组织形态方面进行创新的空间，阻碍了国企发挥制度示范者的作用。将理念导向的第一种思路"再理念化"并将国企改革的国别和时代背景导入能力导向的第二种思路之后，我们发现，在调整后的两种思路的交集之中，存在兼顾理念与能力的第三种国企改革思路。

60.《论中国经济学现代化的马克思主义发展道路——质疑洪永淼西方经济学中国化观点》

作者：孙立冰

期刊：《马克思主义研究》

刊期：2020年第6期

在资产阶级经济学历史上从政治经济学演变为经济学，不是学科范围的拓展，而是经济学的资产阶级意识的增强，是资产阶级在阶级斗争形势发生变化后掩饰和否认其阶级性的策略选择。资产阶级经济学的概念、范畴和学说体系表面上是中性的，但它们本质上却是为资本主义制度辩护的庸俗经济学。因此，用现代西方资产阶级经济学的话语来讲中国故事，必然会庸俗化社会主义生产关系，使中华民族伟大复兴事业走向颠覆性毁灭。中国故事是超越资本主义社会形态的全新的社会主义的故事，因此，讲中国故事就要用讲社会主义故事的语言。人类社会发展到今天，这种语言最为经典的就是马克思主义政治经济学中关于社会主义的语言，在中国现阶段，这种语言的新发展是中国特色社会主义政治经济学。因此，以马克思主义的世界观和方法论构建中国特色社会主义政治经济学才是中国经济学现代化的根本道路。

61.《分配制度上升为基本经济制度的理论必然和实践必然》

作者：王朝科

期刊：《上海经济研究》

刊期：2020年第1期

党的十九届四中全会《中共中央关于坚持和完善中国特色社会主义制度、推进国家治理体系和治理能力现代化若干重大问题的决定》关于中国特色社会主义基本经济制度的新论断，即：公有制为主体、多种所有制经济共同发展，按劳分配为主体、多种分配方式并存，社会主义市场经济体制等社会主义基本经济制度；既体现了社会主义制度的优越性，又同我国社会主义初级阶段生产力发展水平相适应。这是中国特色社会主义基本经济制度由单一所有制制度向包括所有制制度、分配制度和社会主义市场经济体制在内的体系化制度转变的重大理论创新。这一理论创新，标志着我国社会主义经济制度更加成熟、更加定型，对于更好地发挥社会主义制度优越性，解放和发展社会生产力，推动经济高质量发展具有重要的指导意义。按劳分配是科学社会主义理论体系的重要支柱，坚持按劳分配为主体，是由公有制为主体决定的，有利于巩固和不断发展公有制经济；坚持多种分配方式并存，是由多种所有制共同发展的所有制结构决定的，有利于促进多种所有制经济共同发展，调动各方面的积极性，增强经济活力，共同促进现代化经济体系建设，推动经济高质量发展。所以，分配制度上升为基本经济制度具有理论必然性和实践必然性。

62.《新时代中国特色农业现代化"第二次飞跃"的逻辑必然及实践模式》

作者：王丰

期刊：《经济学家》

刊期：2018 年 03 期

党的十八大以来，以习近平同志为核心的中国共产党人，开启了中国特色社会主义建设的新阶段，形成了习近平新时代中国特色社会主义思想，引领广大农民群众走中国特色农业现代化道路。新时代中国特色农业现代化，就是在"五期同至"新的历史阶段，把农民对美好生活的向往作为奋斗目标，探索"多权合一的纯集体模式""三位一体的合作模式""两权合一的新经典模式""两权合一的现代模式"和"两权分离的混合模式"等集体经济发展的各种形式，努力实现"第二次飞跃"，以推动乡村振兴，有效应对新时代中国特色农业现代化进程中的"三重挑战"。

63.《深刻把握乡村振兴战略——政治经济学视角的解读》

作者：王立胜、陈健、张彩云

期刊：《经济与管理评论》

刊期：2018 年第 4 期

在新时代，我国社会主要矛盾在农村有其特殊表现：我国最大的发展不平衡，是城乡发展不平衡；最大的发展不充分，是农村发展不充分。从马克思主义政治经济学角度讲，解决这个矛盾，需要重新定位城乡关系，确立城乡融合理念，这是实施乡村振兴战略的必然选择，也是乡村振兴战略的理论依据。践行乡村振兴战略，要通过城乡融合发展来破解"三农"难题，这是一个必经过程。具体来说，要达到"产业兴旺、生态宜居、乡风文明、治理有效、生活富裕的总要求"。

64.《论中国特色社会主义政治经济学理论来源》

作者：王立胜、郭冠清

期刊：《经济学动态》

刊期：2016 年 05 期

中国特色社会主义政治经济学是正在形成和发展的当代马克思主义政治经济学，其理论来源可以概括为五个方面：马克思主义经典作家的著作、苏联东欧社会主义建设的理论遗产、中国传统文化的"基因"、非马克思主义经济学的文明成果和中国特色社会主义建设的理论成果。本文以"马克思主义经典作家的著作"为重点，对这五种理论来源进行了阐述与论证。在"马克思主义经典作家的著作"中，重点论证了"剩余价值理论同样适用于中国特色社会主义市场经济"这一重要的命题；在"苏联东欧社会主义建设的理论遗产"中，介绍了列宁领导的俄国特色社会主义实践和前东欧试图在计划中注入市场元素的艰辛历程；在"中国传统文化的'基因'"中对与西方文化相区别的价值模式和伦理模式对中国特色社会主义建设的影响进行了分析；在"非马克思主义经济学的文明成果"中，论证了西方主流经济学"工具取向"的合理内容对我们的影响,重点强调"国民经济学"对中国特色社会主义政治经济学建设的意义;在"中国特色社会主义建设的理论成果"中,对中国特色社会主义政治经济学的产生与发展进行了提炼。

65.《价值决定向价值实现的蜕化:置盐定理的逻辑推理困境》

作者:王生升、李帮喜、顾珊

期刊:《世界经济》

刊期:2019 年 06 期

与马克思关于剩余价值生产和实现之间辩证关系的分析不同,置盐定理仅仅展示了社会总资本矛盾运动的一个方面,即剩余价值实现对剩余价值生产的反向影响,剩余价值生产与剩余价值实现被简化为同一过程。这种简化消除了剩余价值生产和实现的矛盾对立,资本主义社会中积累和消费的对抗性矛盾及其背后的对抗性生产—分配关系被遮蔽起来,因此,它无法说明作为资本主义历史发展规律的一般利润率下降趋势的现实展开方式。但置盐定理把一般利润率重新置于部类均衡的社会再生产模型中进行分析,点明了工资收入对剩余价值实现的意义,勾勒了剩余价值实现反作用于剩余价值生产的宏观机制,有力推动了利润率趋向下降规律的研究进展。

66.《社会再生产中的流通职能与劳动价值论》

作者:王晓东、谢莉娟

期刊:《中国社会科学》

刊期:2020 年第 6 期

我国正以供给侧结构性改革为主线,解决好人民日益增长的美好生活需要和发展不平衡不充分的主要矛盾,从高速增长阶段转向高质量发展阶段。市场经济的流通领域是生产、分配连接最终消费不可逾越的关键环节,其中的交通运输通讯产业是直接生产过程在流通中的自然延伸。马克思的商品流通理论，对于科学认识流通产业在我国发展国民经济中的基础性和先导性地位，具有重要意义。基于马克思商品流通理论，依据劳动价值论，探讨社会再生产中的流通职能以及流通产业的国民经济地位，以期深化对社会主义市场经济规律性的认识。流通产业的双重功能包括延续生产的价值生成过程和媒介交换的价值实现过程。前者为生产性劳动，尤其体现在发挥集中力量办大事的社会主义制度优势，进行大规模的交通运输通讯基础设施建设。后者为商品流通必要的媒介性劳动，要注意防止以为纯粹流通费用会创造价值的拜物教意识，发展做强实体经济。探索中国特色社会主义市场经济流通社会化的特殊规律，对于促进供给侧结构性改革、建设现代化经济体系，以高质量发展满足人民美好生活需要，具有重要的现实意义。

67.《关于中国特色社会主义政治经济学的一些新思考》

作者：卫兴华

期刊：《经济研究》

刊期：2017 年第 11 期

党的十九大报告提出中国特色社会主义进入了新时代，这意味着中华民族迎来了从站起来、富起来到强起来的伟大飞跃。报告中有不少创新思想和新的提法。有些方面涉及对中国特色社会主义政治经济学的新思考和新论述。一是关于社会主要矛盾的转换问题："中国特色社会主义进入新时代，我国社会主要矛盾已经转化为人民日益增长的美好生活需要和不平衡不充分的发展之间的矛盾。"这是新的理论和实践创新。对作为供给侧的生产力状况和作为需求侧的具体内涵，都在提高了的层次上进行了新的论述。"人民日益增长的美好生活需要"，不仅指物质文化需要，还包括人民在经济、政治、社会、生态等方面的需求。在生产和供给侧方面，要着力解决发展不平衡和不充分问题。二是关于经济发展中的效率和公平问题。党的十九大报告既讲提高效率、效益，更讲公平与公正，但没有再将效率与公平放在分配领域或分配政策中讲。强调深入贯彻以人民为中心的发展思想；强调发展中的质量和效益；强调"坚持在发展中保障和改善民生，增进民生福祉是发展的根本目的"，"在发展中补齐民生短板、促进社会公平正义"；强调"必须始终把人民利益摆在至高无上的地位，让改革发展成果更多更公平地惠及全体人民，朝着实现全体人民共同富裕不断迈进"。三是关于按劳分配与按生产要素分配问题。党的十九大报告指出中国特色社会主义分配原则是："坚持按劳分配原则，完善按要素分配的体制机制，促进收入分配更合理、更有序。鼓励勤劳守法致富……"有必要说明，"完善按要素分配的体制机制"，重在完善按要素所有权分配的体制机制。

68.《澄清对马克思再生产理论的认识误区》

作者：卫兴华

期刊：《中国社会科学》

刊期：2016年第11期

创建和发展中国特色社会主义政治经济学，是以马克思的政治经济学为其首要理论思想来源的。中国特色社会主义政治经济学是对马克思主义政治经济学的继承与创新。它既要根据时代的变化和中国改革与发展的实践，与时俱进地致力于马克思主义政治经济学的发展与创新，又需要系统准确地理解与把握马克思主义经典作家阐述的经济学基本原理和方法。然而，纵观当前学界的理论研究，这两方面都既有成就，又存在欠缺。马克思的政治经济学博大精深，对马克思主义经典作家经济学的学习与研究，贵在学好用好，学好才能用好。如果学错或学歪了，不但不能正确地指导实践，还会形成对实践的误导。本文就学界研读马克思再生产理论存在的三个认识误区，进行辨析。一是普遍存在对内涵扩大再生产和外延扩大再生产范畴的认识误区；二是将外延型和内涵型的扩大再生产同粗放型和集约型的生产混同；三是对马克思这一重要观点的解读杂乱不清——所使用资本和所消费资本之差额的增大，成为决定积累规模的因素。本文从马克思有关论著的整体性和系统性上，按其深层次的原本理论思想进行梳理，以消除认识误区，回归其真谛。目前，我国进入经济发展的新常态，应对经济下行压力，需要加快转变发展方式，进行供给侧结构性改革，尤其要努力增加合理有效的投资，更好地发挥投资对经济增长的关键作用，全面激发制造业投资活力，增强制造业核心竞争力的质量和效益。准确把握马克思再生产理论，对于实现上述任务具有重要的指导意义。

69.《马克思的产业升级思想及其对当代中国结构转型的指导意义》

作者：魏旭

期刊：《毛泽东邓小平理论研究》

刊期：2018年第6期

面对我国产业发展的困境，选择什么理论指导我国的产业发展实践，需要我们全面深刻地认识和理解产业转型升级的本质、动因和过程机制，以构建科学、可持续的产业政策体系，进而指导我国产业发展方向的选择和现代化产业体系的构建。基于此，本文在运用马克思主义经济学的立场、观点和方法批判性地理解和认识西方主流产业升级理论的基础上，系统地梳理和解读马克思的产业升级思想，以期对我国的产业升级实践有所裨益。不同于发展经济学结构主义和全球价值链理论的产业升级思路，马克思主义经济学将产业升级看作是不同资本在追求超额利润的内在动力和为应对资本主义竞争的外在压力下，不断引入新技术、新模式和新方法的产业发展能力的累积与培育的动态过程，其核心是劳动生产率的提升。这一过程既包括产业内部生产结构的变动、产业间生产结构的变动，也包括产业内和产业间生产的联动效应。资本的产业内竞争、资本的产业间竞争、资本的空间流动以及资本的分化是推动产业升级的过程机制和实现方式。推动产业升级，必须遵循生产方式特别是技术方式演化规律、社会生产按比例协调发展规律和生产性劳动增长效应规律等的约束，才能真正使产业升级成为经济可持续高质量发展的有效路径。

70.《改革开放四十年的城乡关系：历史脉络、阶段特征和未来展望》

作者：吴丰华、韩文龙

期刊：《学术月刊》

刊期：2018 年第 4 期

改革开放以来，中国城乡关系发展可分为四大阶段：城乡关系趋好阶段（1978—1984 年）、城乡再度分离阶段（1984—2003 年）、城乡统筹发展阶段（2003—2012 年）和城乡全面融合发展阶段（2012 年至今）。在市场化改革下，市场和政府的力量共同作用，制度破冰和创新改革同步推进，城乡居民共同努力，中国城乡关系呈现出独特的发展轨迹，经历了深刻变迁并得到了极大改善。本文提出了"改革参与缺失理论"以解释 20 世纪 80 年代中期至 21 世纪初的城乡分离和城乡差距扩大，并将城乡发展理论总结为"城乡发展目标理论—城乡发展路径理论—城乡发展对策理论"组成的理论体系。当前中国城乡发展的难点是户籍人口城镇化水平偏低和县域经济不发达，未来，必须要贯彻"以人民为中心"的城乡发展思想，坚持"五位一体"总体布局以破解五重城乡二元结构，深入推进实施乡村振兴战略，坚持发展城乡和促进城市发展并重的方针，着力振兴县域经济。

71.《论作为政治经济学研究对象的生产方式范畴》

作者：吴宣恭

期刊：《当代经济研究》

刊期：2013 年第 3 期

生产方式最大量出现的含义之一是生产关系，即包括生产、交换、分配、消费关系的广义的生产关系，或者马克思所说的"生产关系总和""社会生产关系""经济关系"，而不是仅在生产领域中发生的与交换、分配关系并列的狭义的生产关系。劳动者和生产资料的结合方式还是劳动过程、劳动方式，实际上都是以生产资料为基础的生产关系的组成部分，无论把生产方式定义为结合方式或劳动过程、劳动方式，都无法说明它是独立于生产关系之外，同生产力、生产关系并列而且决定生产关系的中介环节。否定政治经济学以社会生产关系为研究对象，极易导致否定社会主义公有制的错误，因此，我们必须高度警惕。

72.《全球财富分配失衡的现状与解析》

作者：肖斌、付小红

期刊：《红旗文稿》

刊期：2015 年第 5 期

当今世界，一端是世界财富几何级数的惊人增长，一端是世界财富极端的不均分布以及在这种不均分布下孳生的贫穷、专制与战乱。作者认为，全球财富分配失衡是导致资本主义危机频发和社会动荡的重要诱因，而全球财富分配失衡的深刻根源是资本主义生产方式。

73.《共享发展成果须处理好劳动力市场中的三组矛盾》

作者：肖潇

期刊：《山东社会科学》

刊期：2016 年第 2 期

党的十八届五中全会通过的《中共中央关于制定国民经济和社会发展第十三个五年规划的建议》，成为全面建成小康社会决胜阶段的行动指南；并且鲜明地提出了"必须坚持以人民为中心的发展思想，把增进人民福祉、促进人的全面发展作为发展的出发点和落脚点"；提出了"必须遵循坚持人民主体地位的发展原则，把实现好、维护好、发展好最广大人民根本利益作为发展的根本目的"。因此，在发展中实现成果由人民共享，成为本阶段的一个重要主题。同时，"十三五"又是继续深化社会主义市场经济体制改革的关键期，各种形势错综复杂，保持经济稳定增长的压力依旧存在，需要进一步发挥市场在资源配置中的决定性作用，同时加速体制机制改革，以更为有效的制度安排为发展提供持续动力。"十三五"规划建议中所提出的坚持人民主体地位的发展原则与共享的发展理念，为下一个阶段深化劳动力市场改革指明了方向，即市场在劳动力资源配置中起决定性作用的同时，政府作用也要得到更好的发挥。为此，必须处理好增强劳动力市场灵活性与劳动力市场分割持续发展的矛盾、完善市场评价要素贡献并按贡献分配的机制与缩小劳动收入差距的矛盾、"新常态"下劳动要素驱动力下降的客观规律与促进并保护就业现实需要的矛盾。

74.《用马克思主义政治经济学指导供给侧结构性改革》

作者：谢地、郁秋艳

期刊：《马克思主义与现实》

刊期：2016年第1期

党的十八届五中全会通过的《中共中央关于制定国民经济和社会发展第十三个五年规划的建议》指出，坚持"创新、协调、绿色、开放、共享"的发展理念，锐意推进供给侧结构性改革，必将对解决我国经济社会发展中的深层次矛盾，实现我国经济中长期稳定、可持续发展产生深远的影响。正如习近平总书记在2015年11月10日召开的中央财经领导小组第十一次会议上所强调的，在适度扩大总需求的同时，着力加强供给侧结构性改革，着力提高供给体系质量和效率，有利于增强经济持续增长动力，推动我国社会生产力水平实现整体跃升。"十三五"乃至今后一个很长的历史时期强调供给侧结构性改革，其理论基础很容易被认为是来源于里根政府时期风靡一时的美国供给学派。应当说，我国致力于推动供给侧结构性改革在某些方面与供给学派的某些主张确有相近之处，但由于我国国家性质与发展阶段等方面的特殊性，供给侧结构性改革不应该也不可能简单照抄供给学派的理论及政策主张，而应该从中国特色社会主义的实际出发，充分汲取马克思主义政治经济学的理论滋养，在充分认知我国经济供给侧的主要矛盾的基础上，以马克思主义政治经济学指导供给侧结构性改革，化解广泛存在的供给侧结构性矛盾。

75.《全球气候治理的政治经济学分析》

作者：谢富胜、程瀚、李安

期刊：《中国社会科学》

刊期：2014 年第 11 期

从 20 世纪 50 年代观测到地球平均气温开始上升起，气候变化问题就进入了经济学者的视野。70 年代以来，愈发明显的升温趋势以及与之相关的严重社会问题，更引发了全世界的关注。这些重大问题可归结为相互联系的两大问题：究竟是什么原因导致了气候变化？人类又该如何加以应对？对于这两个问题，西方的主流经济学和非正统经济学提出了各自的理论和政策建议。西方经济学界对气候变化的原因、进程和影响提出了两种不同的理论，并给出了各自的应对方案。其主流经济理论认为，气候变化是温室气体排放外部性的结果，并提出以市场化和地球工程为主要手段的治理方案。其非正统经济学者则认为，气候变化是全球资本主义经济发展方式的系统性结果，主流方案无法根本解决气候问题。西方非正统经济学者中的马克思主义者，将气候变化归因于资本积累的扩大，认为新自由主义下市场化的气候治理，将加剧社会经济和环境的矛盾。在国外马克思主义经济学研究的基础上，重建气候变化政治经济学分析框架的研究表明，气候变化的全球性决定了其治理需要全球范围的行动，生成于资本主义体系中的"马克思式"大众运动，通过联合主张可持续发展的资本集团参与现有的全球气候治理运动，是实现大众气候治理的可能途径。

76.《危机后一般利润率下降规律的表现、国别差异和影响因素》

作者：徐春华

期刊：《世界经济》

刊期：2016 年第 5 期

对一般利润率的估算及其下降规律的验证一直为国内外学者所关注。资本主义社会中的利润率究竟是在上升还是在下降，更是马克思主义研究者争论的一个重要问题。本文从两大部类的视角估算了 1995—2009 年 38 个国家的一般利润率，进而考察一般利润率的国别差异、下降规律及其影响因素。研究发现：各国经济体中两大部类的利润率都存在不同程度的差异，并且第 II 部类中的利润率在整体上高于第 I 部类。从总体均值层面看，生产资料部类优先增长的趋势会导致其中的利润率水平下降得比消费资料部门更为明显和稳健。一般利润率下降规律在所有样本国家整体均值层面显著存在。检验结果表明，考虑空间关联后，资本有机构成和剩余价值率对一般利润率的影响具有显著的二重性。

77.《恩格斯对〈资本论〉方法的贡献——纪念恩格斯诞辰 200 周年》

作者：许光伟

期刊：《西部论坛》

刊期：2020 年第 2 期

恩格斯对待《资本论》的态度是将其看作科学作品和历史作品的统一，坚持由"科学品性"提升"历史品格"——这就是对唯物主义路径的着重阐发；恩格斯进而希望通过自己的辛勤工作，全方位展示他和马克思共同的理论思维——辩证法，用以"伟大逻辑"的建构。要之，恩格斯的工作和《资本论》方法关联的线索有三：一是以《自然辩证法》研究和《资本论》商品章"工作呼应"，希图在马克思主义理论中彻底肃清"蒲鲁东主义"；二是坚持《资本论》的由"自然过程"向"历史过程"进军，对其总体方法论和理论逻辑主张——自然历史过程进行学理性阐发，又主要归结于发生学的工作逻辑；三是恩格斯晚年的历史唯物主义思考，以耄耋之年推动"《资本论》增补"工作，进行巨大的认识推进。换言之，从广义的工作角度看，恩格斯是尝试把《资本论》当作马克思自身要完成而未能完成的"《辩证法》"（即唯物辩证法）的一个全面预演。经由恩格斯的唯物史观化的"辩证法"努力，《资本论》逐渐成为指导科学思考和进行意识形态战斗的武器，这为《资本论》"俄国化"和"中国化"打下了牢靠的基础。

78. 《新时代中国特色社会主义政治经济学研究对象和逻辑起点——马克思〈资本论〉及其手稿再研究》

作者：颜鹏飞

期刊：《内蒙古社会科学》（汉文版）

刊期：2018年第4期

新时代中国特色社会主义政治经济学研究对象以及该体系的逻辑起点是学术界一直争论不休的热点问题。中国成立以来，比较流行的观点根源于斯大林经济学模式，把政治经济学研究对象仅定位于单一的生产关系及其三分法，而以生产关系为研究对象论者居于主流地位。改革开放以来，生产力对象论、生产方式对象论、"生产力—生产方式—生产关系"对象论及"生产关系总体"论先后被列为政治经济学的研究对象而引起学界的讨论和争鸣。总的来看，其发展趋势越来越逼近马克思的研究对象总体论。马克思《资本论》及其手稿所绽露的关于狭义的政治经济学体系的研究对象和逻辑起点的探索，为阐释新时代中国特色政治经济学研究对象和逻辑起点提供了富于启迪的思路和方法论。社会主义生产方式总体及其生产力和生产关系的运动规律是中国特色社会主义政治经济学这一门科学的研究对象；而现实的社会主义公有制市场经济形态条件下的"变形的商品"则是中国特色社会主义政治经济学体系的逻辑起点或元范畴。

79. 《内循环为主双循环互动的理论创新——中国特色社会主义政治经济学的时代课题》

作者：杨承训

期刊：《上海经济研究》

刊期：2020年第10期

习近平同志提出了以国内大循环为主体，国内国外两个循环互动的战略思想，将社会再生产四大环节和五大发展理念契合链接为社会主义经济纵向运行的轨道，以螺旋式增长、协调提升经济质量，揭示新时代我国经济运行的新特点新规律，发展了中国特色社会主义政治经济学系统论。社会主义经济大循环由大大小小的多层次系统组成多维交叉体系，需要以扩大内需为重点，推进供给侧结构性改革，指出了"十四五"规划的方向，回答了时代课题；同时，要求内外循环互动，在大变局中利用好两个市场两种资源，在新高度上深化了改革开放理论。

80.《论公有制理论的发展》

作者：杨春学

期刊：《中国工业经济》

刊期：2017年第10期

把所有制理论的发展分为三种形态：基于意识形态的所有制理论、基于市场失灵的所有制理论、基于产权和契约理论的所有制理论。基于意识形态的所有制理论的核心问题是：私有制和公有制，哪一种所有制能更好地实现效率与社会公平的均衡？或者说，哪一种所有制更优越？衡量标准有两个，一是效率，二是社会公平。基于市场失灵的所有制理论的核心问题是：哪些因素决定着所有制结构在产业之间的分布？基于产权和契约理论的所有制理论的核心问题是：通过比较不同所有制企业内部的机制，讨论不同的所有制企业之间的选择问题。公有制理论正处于这样一种状态：经典的理论结构以其"纯粹形态"仍然充满吸引力，但是基于苏联模式的公有制理论正在失去其现实基础，而中国的实践丰富和发展了公有制理论。"以公有制为主体，多种所有制经济共同发展"的体制，决然不同于苏联模式中的公有制。二者的差异不是边际意义上的变化，而是带有实质性意义的变革。这种变革正在使我们对社会主义所有制本身形成一种新的认识。中国的理论家和实践者以非常巧妙的方式对所有制理论进行了创造性的发展。

81.《坚持马克思主义经济思想的指导地位》

作者：杨静

期刊：《经济研究》

刊期：2016年第3期

经济基础决定上层建筑，在"六位一体"总体布局和"四个全面"战略布局中，经济体制改革具有基础性地位，发挥着对各领域改革的牵引作用。2015年12月的中央经济工作会议强调："坚持中国特色社会主义政治经济学的重大原则，坚持解放和发展社会生产力，坚持社会主义市场经济改革方向，使市场在资源配置中起决定性作用，是深化经济体制改革的主线。"要把握好这条主线，对于混合所有制改革、政府与市场关系、开放经济新体制等经济改革的核心与关键问题，必须以中国特色社会主义政治经济学为根本依据做出解读，明确并坚持马克思主义经济思想的指导地位，确保改革的社会主义方向。

82.《五大发展理念：中国特色社会主义政治经济学的重要拓展》

作者：易淼、任毅

期刊：《财经科学》

刊期：2016年第4期

改革开放以来，从发展是硬道理，到发展是第一要务，到科学发展观，到"五位一体"总体布局，体现了我们党对经济社会发展规律认识的不断深入。在当前经济发展新常态和重要战略机遇期新阶段的历史关口，党的十八届五中全会提出了"创新、协调、绿色、开放、共享"五大发展理念。"创新、协调、绿色、开放、共享"五大发展理念，反映了新时期我们党对经济社会发展规律的新认识，是中国特色社会主义政治经济学的重要拓展。具体而言，五大发展理念体现了中国特色社会主义政治经济学的重大原则，即坚持解放和发展生产力原则、坚持人民利益至上原则、坚持走共同富裕道路原则、坚持完善社会主义市场经济体制原则；凸显了中国特色社会主义政治经济学的现实指导意义，遵循了中国特色社会主义政治经济学视阈下的改革逻辑。当前，五大发展理念为破解发展新难题，厚植发展新优势，开拓发展新境界提供了科学的理论指导和行动指南。

83.《国有企业是低效率的吗》

作者：张晨、张宇

期刊：《经济学家》

刊期：2011 年第 2 期

近年来，我国国有企业的效益明显改善。一些学者认为，国有企业效益的改善主要源于国有企业的垄断地位而不是效率的提高。本文分别考察了竞争性和垄断性行业国有工业企业的效率表现，得出如下结论：在竞争性行业中，国有工业企业与非国有工业企业在财务效率和技术效率上均不存在显著差异；在垄断行业中，国有工业企业具有较高的技术效率，并不断保持着较快的技术进步速率。随着现代企业制度和国有资产监督管理体制的建立和完善，以及国有经济结构调整的不断推进，国有企业的产权制度、管理体制、治理结构发生了根本性变化，国有企业的布局结构日趋合理，国有企业的竞争力和活力大为增强。因此，所有制对于企业微观效率的影响并不显著，近年来我国国有企业经营绩效的改善是以国有企业微观效率的提高为坚实基础的，认为国有企业效率低，利润主要来源于垄断的看法是不符合实际的。

84.《马克思工人合作工厂理论视阈下的蒙特拉贡合作公司研究》

作者：张嘉昕

期刊：《马克思主义研究》

刊期：2012 年第 11 期

工人合作制经济是当前西方世界中与主流的资本主义企业直接对立的一种新颖而又古老的企业模式。这一企业模式颠覆了资本主义企业的治理结构与分配原则，劳动者成为企业真正的主人，正在全球产生着愈来愈大的影响力。其实，早在19世纪上半叶的工人合作运动蓬勃开展之际，马克思和恩格斯便对合作制经济表现出浓厚的兴趣并给予明确的支持。马克思把工人合作工厂的创办者们称作"勇敢的手"，赞扬了合作运动的重要历史意义。马克思工人合作工厂理论阐明了工人合作工厂的共产主义性质和基本运作模式。马克思将工人合作工厂看作是在旧的生产方式中出现的代表着新生产方式的萌芽，指出合作制经济模式在实现劳动者权益和扩大就业等方面的社会经济价值。当前世界各国的工人合作运动、农业合作运动和集体经济性质的经济组织正在蓬勃发展，本文在马克思工人合作工厂理论的指导下，对西班牙蒙特拉贡合作公司这一最具代表性的大型工业合作制企业的基本模式与运行绩效进行剖析，为我国社会主义经济建设提供有关建议。

85.《对新时代中国特色社会主义现代化经济体系建设的几点认识》

作者：张俊山

期刊：《经济纵横》

刊期：2018年第2期

新时代是变强的时代、发展的时代、进步的时代。为实现国家进一步发展、国际竞争力进一步强化，新时代的中国在现代化经济体系建设上也应有所转变，更应立足高质量发展，在发展方式、经济结构以及增长动力方面做出改变，而这也是中国未来发展的主要目标。建设现代化经济体系是新时代中国特色社会主义经济建设的重要战略任务，是对现代化认识的深化。现代化经济体系建设必须坚持新发展理念的指导，坚持在党的领导下走自主创新发展的社会主义道路。现代化经济建设理论包括马克思列宁主义的经济理论、我国社会主义建设各时期形成的社会主义理论、习近平新时代中国特色社会主义思想中的经济建设方略。我国现代化经济体系是以实体经济为中心、建立在最新科技成果的应用基础之上、以质量第一为评价标准，并有着与之相适应的社会主义消费方式。

86.《理解习近平新时代中国特色社会主义经济思想的六个维度》

作者：张开、顾梦佳、王声啸

期刊：《政治经济学评论》

刊期：2019 年第 1 期

习近平新时代中国特色社会主义经济思想，是推动我国经济发展实践的理论结晶，是中国特色社会主义政治经济学的最新成果。马克思主义立场、观点和方法，是其理论底色；坚持加强党对经济工作的集中统一领导，保证我国经济沿着正确方向发展，是其本质特征；坚持以人民为中心的发展思想，解决新时代我国社会的主要矛盾，是其根本立场；贯彻新发展理念，建设现代化经济体系，是其主要内容；深化供给侧结构性改革，解决新时代我国经济发展的主要矛盾，是其工作主线；运用辩证法做好经济工作，是其思想方法。这六个维度构成相互联系、相互促进的有机整体。

87.《马克思的第一部经济学著作的手稿——〈1844 年经济学哲学手稿〉研读》

作者：张雷声

期刊：《思想理论教育导刊》

刊期：2014 年第 9 期

《1844 年经济学哲学手稿》是根据马克思写于 1844 年的三个分散的手稿进行整理，并编辑而成的。它是马克思建立无产阶级政治经济学理论体系和内容的第一次尝试。在这部手稿中，马克思对异化劳动、私有财产关系、共产主义思想做了论述。《手稿》的研究不仅在唯物史观的形成中起着基础性作用，而且也反映了马克思对哲学和政治经济学结合的整体研究，是马克思经济思想发展初期的标志性著作。《手稿》自问世以来，虽然经历了诸多遭遇和磨难，却磨灭不了它在马克思思想发展中的历史地位和重要价值。

88.《社会主义劳动力再生产及劳动价值创造与分享——理论、证据与政策》

作者：张平、郭冠清

期刊：《经济研究》

刊期：2016年第8期

马克思有关劳动创造价值的理论包括劳动过程、劳动力"贫困积累"的再生产和劳动价值创造与分配三个重要的理论命题。尽管这些理论建立在对资本主义市场经济的批判之上，依附于"资本生产、资本循环和资本生产的总过程"之中，但是对于中国特色社会主义市场经济建设仍然有着重要的指导意义和理论发展空间，它不仅在揭示中国实现第二步跨越之前出现的"资强劳弱""收入差距过大""资源问题突出"等现象时，具有西方主流经济学无法比拟的优势，而且也是进一步建立劳动力再生产理论，探讨剩余价值分享问题的基础。基于对资本主义生产方式批判的需要和所处的以劳动力"贫困积累"为主要特征的时代特点，马克思将"劳动循环"论证直接置于"资本循环"之中，没有对劳动力扩大再生产这一对于社会主义市场经济建设具有重要意义的理论命题进行深入探索，也没有对劳动参与剩余价值分配进行研究。本文在对马克思有关劳动创造价值理论梳理的基础上，以唯物主义历史观为基础，以解决中国的现实问题为导向，结合中国的实践、马克思对未来社会的设想，以及国内外研究成果，对以"知识生产与知识消费一体化"为特征的知识生产部门的劳动过程、劳动力扩大再生产、剩余价值的分享问题进行了探讨，并以此为基础，对知识部门的创新发展与管理体制改革提出了政策建议。

89.《我国企业员工持股的发展困境与现实选择——员工持股的再思考》

作者：张衔、胡茂

期刊：《社会科学研究》

刊期：2015年第1期

西方国家成熟运行的员工持股制度在我国的发展却是历经波折陷入困境，以至于受到政策限制。反思其原因，主要在于制度设计的主观偏差以及监管者和制度环境等客观条件不成熟、不完善，而非该模式本身的缺陷。推进员工持股需要从理论和实践上总结经验教训，在厘清问题的基础上，回应对员工持股的质疑，构建符合我国特色的基于政府、企业、市场三位一体的支撑体系，使员工持股制度能够真正成为资本所有者和劳动者利益共同体的有效制度安排。如何更好地解决企业与员工之间的关系问题，是未来深化企业改革特别是国企改革的核心，现阶段可以在开放程度较高的竞争性领域的国企混合所有制改革中先行员工持股改革。

90.《〈资本论〉是光辉的政治经济学著作——驳〈资本论〉哲学化》

作者：张旭、常庆欣

期刊：《当代经济研究》

刊期：2019 年第 11 期

最近十多年，在马克思主义理论研究和教学中，时常会碰到有关《资本论》理论性质的争论：在根本意义上，《资本论》是一部哲学著作，还是一部政治经济学著作？围绕这一问题产生的彼此冲突的认知，并不会因为其他一些学者主张说《资本论》在理论上是一个有机整体（它既是经济学著作，也是哲学著作，还是政治学著作等）而得以缓解。毕竟，说一部伟大的著作中涉及或包含很多方面的内容、预见到很多后来研究的进展，与说它"在根本意义上"是一本可以在科学的意义上归属于大的学科领域的著作，完全是两码事。认为《资本论》主要是一部哲学著作的《资本论》哲学化研究，有一种典型的表现形式，即认为《资本论》是一种存在论。《资本论》是存在论的论证，是通过模糊马克思使用的某些概念、曲解他的经济学方法、歪曲某些引文的含义实现的。在分析层次上，这种论证从现实退回到概括程度更高的抽象层次上，这使论证呈现出表面上的合理性的同时，消解掉了《资本论》对资本主义经济社会问题的研究，遮蔽了《资本论》中隐藏的具有重大理论意义的哲学问题。《资本论》哲学化，既伤害了马克思主义政治经济学研究，也伤害了马克思主义哲学研究自身。《资本论》是光辉的政治经济学著作，这一基本判断，既没有因为时代的变化，也不会因为认知科学的进展而丧失其客观性。

91.《壮大集体经济、实施乡村振兴战略的原则与路径——从邓小平"第二次飞跃"论到习近平"统"的思想》

作者：张杨、程恩富

期刊：《现代哲学》

刊期：2018年第1期

从邓小平"第二次飞跃"论和习近平"统"的思想出发，壮大集体经济与实施乡村振兴战略是相互依存、荣衰与共的。新时代亟须重温"第二次飞跃"论的高瞻远瞩战略和习近平"统"的思想，科学认知两者关系，挖掘习近平"统"的思想所蕴含的"经济大合唱"思想、"大农业"思想、"统"与"分"辩证思想、"四条底线"思想、"贫困村集体经济较弱"思想五大内涵，在新时代改革发展实践探索中可以开辟一条壮大集体经济以及实施乡村振兴战略的有效路径。

92.《论公有制与市场经济的有机结合》

作者：张宇

期刊：《经济研究》

刊期：2016年第6期

构建中国特色社会主义政治经济学，最根本的一点就是在社会主义条件下发展市场经济，实现社会主义基本制度特别是公有制与市场经济的有机结合。社会主义与市场经济的结合，是我国经济体制改革的目标，是中国特色社会主义经济最重要的制度特征，也是中国特色社会主义政治经济学最重要的理论贡献。它包括了两方面的问题，一是计划与市场的关系，二是公有制与市场经济的兼容或结合。前者属于资源配置方式或经济运行机制的问题,是表层问题;后者属于所有制或基本经济制度的问题,是深层问题。二者既相互联系又相互区别,共同构成了社会主义市场经济的有机整体。无论从逻辑还是从历史看,公有制与市场经济的结合都是社会主义市场经济的核心问题。理论逻辑和实践经验告诉我们,在公有制与市场经济之间既有内在的一致性和兼容性,又存在着一定的矛盾和冲突。这种对立统一的关系,根源于社会主义公有制的特殊性质以及由此导致的商品性与非商品性并存的二重属性,并表现在产权结构的直接社会性与局部性、计划与市场、等量劳动互换与等价交换、劳动力的主人地位与商品属性、市场经济与共同富裕等具体方面。既要遵循市场经济的规律,又要体现公有制的要求;既要发挥市场经济的长处,又要彰显社会主义制度的优越性,这就是公有制与市场经济有机结合的实质,也是社会主义市场经济的精髓。深刻把握公有制与市场经济的这种特殊关系,在发挥市场决定作用的同时,更好地体现和发挥公有制经济的特点和优势,实现公有制与市场经济的更好结合,对于我们在新的历史条件下坚持和发展中国特色社会主义,全面深化经济体制改革,有着重要的启示。

93.《中国特色社会主义政治经济学的科学内涵》

作者:张宇

期刊:《经济研究》

刊期:2017 年第 5 期

党的十八大以来,在习近平总书记关于坚持发展中国特色社会主义政治经济学、不断完善中国特色社会主义政治经济学理论体系等一系列重要讲话精神的推动下,马克思主义政治经济学在中国的发展迎来了新的时代。中国特色社会主义政治经济学这一新范畴的提出,是一个重大理论创新。它表明,中国特色社会主义经济制度稳步确立,中国特色社会主义经济实践富有成效,中国特色社会主义经济理论已经从经验知识上升为系统化的学说,成为一门科学,因此,意义是十分重大的。首先,中国特色社会主义政治经济学是当代中国马克思主义政治经济学；第二，中国特色社会主义政治经济学是对中国特色社会主义经济建设实践经验的概括和总结；第三，中国特色社会主义政治经济学是中国特色社会主义理论体系的重要组成部分；第四，中国特色社会主义政治经济学是社会主义政治经济学的新发展和新形态；第五，中国特色社会主义政治经济学是人民的政治经济学；第六，中国特色社会主义政治经济学是发展社会主义市场经济的政治经济学。总之，中国特色社会主义政治经济学的内容涵盖了中国特色社会主义经济的生产、分配、交换等主要环节以及基本经济制度、基本分配制度、经济体制、经济运行、经济发展和对外开放等主要方面，提出了一系列新的理论观点，初步形成了比较完整的理论体系。

94.《中国经济新常态的趋势性特征及政策取向》

作者：张占斌

期刊：《国家行政学院学报》

刊期：2015 年第 1 期

中国经济新常态的提出，是立足时代的一项重大的理论创新，是新版的马克思主义政治经济学，是中国特色社会主义市场经济理论的新突破，带有战略性和全局性的历史意义。科学研判经济运行新走势，准确认识经济新常态的趋势性特征，把握重大的发展机遇，妥善应对经济发展中面临的各种风险和困难，以全面深化改革促进创新发展，主动适应和积极引领中国经济新常态，这是站在新发展阶段起点上的中国需要面对的重大问题。围绕习近平总书记重要讲话和中央经济工作会议的精神，分析阐释中国经济新常态的趋势性变化和特征：一是增长速度由超高速向中高速转换；二是发展方式从规模速度型粗放增长向质量效率型集约增长转换；三是产业结构由中低端水平向中高端水平转换；四是增长动力由要素驱动、投资驱动向创新驱动转换；五是资源配置由市场起基础性作用向起决定性作用转换；六是经济福祉由非均衡型向包容共享型转换。经济新常态下，我国经济发展所面临的风险和挑战并不是减少了，而是增多了。因此，我国宏观经济政策的基本取向和预期目标的确定要从多方面考虑，以全面深化改革创新适应并引领经济新常态。

95.《资本逻辑与马克思的三大社会形态理论——重读〈资本论〉及其手稿的新领悟》

作者：赵家祥

期刊：《学习与探索》

刊期：2013 年第 3 期

中国理论界对马克思的三大社会形态理论及其与五种社会形态理论的关系有着不同的理解。有人把二者对立起来，用三大社会形态理论否定五种社会形态理论；有人认为二者在本质上是统一的，在说明社会发展全过程的作用上是互补的。但争论双方却有一个共同点，即都没有按照资本的逻辑和历史解读马克思的三大社会形态理论。按照资本的逻辑和历史，从三大社会形态理论提出的逻辑考察、人的依赖性社会的特点及其解体过程、物的依赖性社会的实质及其拜物教性质、物的依赖性社会为个人全面发展的社会创造条件、个人全面发展的社会的特点及从必然王国向自由王国的飞跃五个方面，可以进一步明确三大社会形态理论的特点和实质。由此得到的一个结论是：三大社会形态理论与五种社会形态理论存在差别，但二者又具有一致性、统一性。

96.《"互联网+"推动的农业生产方式变革——基于马克思主义政治经济学视角的探究》

作者：周绍东

期刊：《中国农村观察》

刊期：2016 年第 6 期

马克思主义经典作家将人类历史上的农业生产方式分为小农生产方式、资本主义农业生产方式和社会主义农业生产方式三种形式。由于农业生过程不易实现社会化大生产，小农生产方式并未像经典作家所预言的那样，发展成为资本主义农业生产方式。基于"生产力—生产方式—生产关系"分析框架，本文提出，"互联网+"作为一种新的生产力形态，改变了农业生产中劳动者与生产资料的结合方式，不仅有助于解决农业企业化经营模式中资本监督劳动的问题，也有助于提高农业家庭经营模式中的规模经济效应，还可以通过产品创新和社会分工广化来弥补农业生产过程难以实现流程专业化和纵向分工的缺陷。社会主义农业的发展方向是在技术上超越小农生产方式，同时在生产方式和土地所有制上有别于资本主义农业的新型生产方式。

97.《中国特色社会主义政治经济学研究对象探析——基于马克思生产方式理论的当代借鉴》

作者：周文、代红豆

期刊：《河北经贸大学学报》

刊期：2020年第5期

"生产方式"是一个整体性与有机性兼具的范畴，是历史唯物主义哲学精髓在现实政治经济学考察中的重要体现。生产方式理论对马克思主义政治经济学研究对象具有重要作用，使其实现对"资本主义生产方式"的完整考察。因此，马克思主义政治经济学研究对象的确是"生产关系"，但必须基于"生产方式"加以考察。确立中国特色社会主义政治经济学研究对象应结合中国实际对马克思主义政治经济学实现完整而非断章取义式的借鉴。从马克思生产方式理论及其政治经济学研究出发，基于中国特色社会主义政治经济学是对马克思主义政治经济学的继承与发展、有效应对西方经济学提出的挑战、切实解释并引领中国经济发展等多个层面的考量，新时代中国特色社会主义政治经济学应以"中国特色社会主义生产方式"为研究对象，在生产方式的理论框架下进一步推动中国特色社会主义政治经济学研究。

98.《中国特色社会主义政治经济学：渊源、发展契机与构建路径》

作者：周文、宁殿霞

期刊：《经济研究》

刊期：2018 年第 12 期

构建中国特色社会主义政治经济学既是中国经济发展进入新时代的内在诉求，又是中国道路在理论上的系统化阐述。就当前现实而言，无论是国际社会的时代特征变化、国内改革开放的纵深推进，还是政治经济学核心范畴和内涵的嬗变，都诉求中国特色社会主义政治经济学的创新发展。从《资本论》启示和唯物史观运用的阐述逻辑出发，通过马克思主义政治经济学的生成与发展路径透视中国特色社会主义政治经济学的历史进步意义，进而反思政治经济学核心范畴内涵的历史转向与嬗变，并以此在新的经济现实与政治经济学范畴和内涵条件下提出构建中国特色社会主义政治经济学的新思路。中国特色社会主义政治经济学的构建过程事实上就是社会主义生产关系背后经济规律的揭示过程，因此中国特色社会主义政治经济学构建必须以问题为导向，回答时代之问；必须要立足中国实践、提炼中国经验，主要围绕四个维度进行思考：中国道路与世界历史辩证统一；唯物史观与问题导向有机结合；阐发政治经济学核心范畴的时代内涵；发掘中国特色社会主义市场经济成功实践的思想资源。新时代中国特色社会主义政治经济学不但要为破解政治经济学的难题做出理论贡献，更要成为引领 21 世纪世界经济学发展的新潮流，从而对全世界经济发展贡献中国智慧和中国理论。

99.《新自由主义在我国的传播和危害》

作者：朱安东、王天翼

期刊：《当代经济研究》

刊期：2016 年第 8 期

改革开放以来，随着与西方社会交往的加深和市场化国际接轨的推进，新自由主义在我国的传播和影响不断扩大。新自由主义思潮的理论基础是新自由主义经济学，即运用新的术语和方法重新包装的新古典经济学。该思潮的基本主张可以总结为"自由化""市场化"和"私有化"。其理论前提包括"理性经济人"、追求自我利益的"最大化"和"完全市场竞争"等基本假设，旨在把资本主义生产方式看作是符合人的本性的、自然和永恒的生产方式。西方输出的新自由主义思潮，本质上是反社会主义的资产阶级国家意识形态，是直接为美国霸权主义服务的文化侵略。如果不尽快采取有效措施加以应对，任其发展，可能会恶化我国意识形态的生态环境，迷失中国特色社会主义的信念，影响改革开放政策，动摇社会主义经济基础，甚至犯"颠覆性"的错误，给中华民族带来灾难性的后果。党中央对新自由主义在中国的影响高度重视并采取了措施，马克思主义政治经济学界也不断予以批判。各级党政部门应该齐抓共管，从经济基础和意识形态两方面采取坚决措施，抵制和反对新自由主义，保障中国特色社会主义建设事业的顺利推进。

100.《马克思的经济发展理论与西方经济发展理论比较——兼论中国经济高质量发展的路径》

作者：朱方明、刘丸源

期刊：《政治经济学评论》

刊期：2019年第1期

经济发展问题历来是经济学关注的核心问题。在现代西方经济学中，经济发展理论受到广泛关注并成为一个重要分支，而马克思的经济发展理论却没有受到足够的重视。事实上，马克思的政治经济学包含着丰富的经济发展思想。通过对生产力与生产关系的矛盾运动的历史考察，尤其是对资本主义生产关系运动的历史和逻辑分析，马克思不仅揭示了人类社会经济发展的一般规律，而且发现了资本主义经济发展的特殊规律。与西方经济发展理论相比，马克思的经济发展理论更加深刻地揭示了经济发展的本质和基本规律，更加具有解释力和预见性。

第二部分　中国政治经济学最具影响力的研究载体

本部分对中国政治经济学学术载体进行了影响力评价，学术载体包括学术机构和学术刊物两部分。学术载体评价也是以期刊论文影响力作为文献计量依据的，通过将学术机构在研究期内发表的政治经济学论文学术影响力进行加总，即得到该机构在政治经济学研究方面的学术影响力。通过将期刊在研究期内发表的政治经济学论文学术影响力进行加总，即得到该期刊在政治经济学研究方面的学术影响力。

一、学术机构影响力评价

目前，政治经济学研究主要集中在高等学校、党校及社科院，因此，本报告将政治经济学研究机构分为四种类型进行评价，即综合类高校、财经类高校、党校和科研机构，以及其他类型机构。其中，综合类高校、财经类高校、党校和科研机构取影响力前十名，其他类型机构取影响力前五名（见表1—表4）。

在综合类高校，中国人民大学政治经济学研究影响力指数值超过500，大幅度领先于其他高校，此外，南开大学、北京大学、复旦大学、武汉大学、西北大学、清华大学等高校影响力指数超过200，体现出较强的研究实力。但是，也有一些知名的综合性大学基本上不开展政治经济学研究，影响力微乎其微。

表1 综合类高校开展政治经济学研究的学术影响力（2011—2020）

排序	机构	影响力指数	发文数量（篇）
1	中国人民大学	652.38	355
2	南开大学	311.29	134
3	北京大学	258.59	132
4	复旦大学	245.71	138
5	武汉大学	228.35	131
6	西北大学	204.46	75
7	清华大学	203.51	98
8	南京大学	187.37	91
9	吉林大学	154.29	75
10	四川大学	150.18	79

在财经类高校，各高校开展政治经济学研究的影响力差距不大，上海财经大学和西南财经大学影响力超过70，南京财经大学、吉林财经大学等地方财经类高校表现不俗。总体来看，财经类高校是中国政治经济学研究的重要力量，但从论文发表数量和影响力来看，与综合类高校还有一定差距，特别是浙江、广东等发达地区的财经类高校，政治经济学研究水平亟待提高。

表2 财经类高校开展政治经济学研究的学术影响力（2011—2020）

排序	机构	影响力指数	发文数量（篇）
1	上海财经大学	146.21	105
2	西南财经大学	134.99	77
3	中央财经大学	58.83	34
4	南京财经大学	49.49	33
5	吉林财经大学	47.60	41
6	山东财经大学	42.77	12

续表

排序	机构	影响力指数	发文数量（篇）
7	东北财经大学	42.15	18
8	江西财经大学	41.05	30
9	中南财经政法大学	39.07	24
10	河南财经政法大学	34.62	32

在党校及科研机构，中国社会科学院和中共中央党校的学术影响力遥遥领先，体现出较强的政治经济学研究实力。但总的来看，地方党校和地方社科院政治经济学研究水平有待提高，政治经济学研究机构的多样化程度也还比较低。

表3　党校及科研机构开展政治经济学研究的学术影响力（2011—2020）

排序	机构	影响力指数	发文数量（篇）
1	中国社会科学院	615.83	402
2	中共中央党校	185.47	128
3	国务院发展研究中心	81.42	19
4	上海社会科学院	53.69	32
5	重庆社会科学院	44.02	13
6	中共中央党史和文献研究院	16.18	14
7	中国宏观经济研究院	12.40	8
8	安徽省社会科学院	11.15	3
9	中共广东省委党校	9.30	12
10	中共浙江省委党校	8.49	6

在其他类型机构，排名靠前的有福建师范大学、西安交通大学和北京师范大学等高校，但总体而言政治经济学研究的影响力不高。

表4 其他类型机构开展政治经济学研究的学术影响力（2011—2020）

排序	机构	影响力指数	发文数量（篇）
1	福建师范大学	67.77	42
2	西安交通大学	64.49	34
3	北京师范大学	61.15	43
4	北京航空航天大学	34.54	7
5	天津师范大学	26.57	20

二、学术刊物影响力评价

本年度报告将学术刊物分为综合类刊物、经济类刊物和马克思主义理论类刊物三种类型，并根据刊物发表政治经济学论文的总影响力和数量两个维度进行评价。

在综合类刊物中，《中国社会科学》刊载政治经济学论文的影响力指数排名第一，《学习与探索》发文数量排名第一。《中国高校社会科学》《红旗文稿》《改革》等刊物在影响力和发文数量两方面表现都比较好（见表5）。

表5 综合类刊物刊载政治经济学论文的学术影响力（2011—2020）

按论文影响力排序			按论文数量排序		
序号	期刊	影响力指数	序号	期刊	发表论文数量（篇）
1	中国社会科学	113.72	1	学习与探索	45
2	改革	92.99	2	红旗文稿	31
3	学习与探索	63.66	3	人民论坛	26
4	中国高校社会科学	41.62	4	改革	26
5	红旗文稿	37.89	5	中国高校社会科学	25

在经济类刊物中，《经济学家》刊载政治经济学论文的影响力指数排名第一，《海派经济学》发文数量排名第一。2016年后，政治经济学刊文量少的局面有所改观，一些传统名刊开始有计划地刊载政治经济学论文。同时，

《政治经济学研究》《政治经济学报》《政治经济学季刊》《经济思想史研究》《经济思想史学刊》等一批坚持马克思主义研究导向的经济学刊物涌现出来（见表6）。

表6 经济类刊物刊载政治经济学论文的学术影响力（2011—2020）

按论文影响力排序			按论文数量排序		
序号	期刊	影响力指数	序号	期刊	发表论文数量（篇）
1	经济学家	407.98	1	海派经济学	270
2	政治经济学评论	391.70	2	当代经济研究	178
3	经济纵横	252.98	3	政治经济学评论	150
4	当代经济研究	229.17	4	经济学家	112
5	政治经济学研究	210.66	5	经济纵横	108

在马克思主义理论类刊物中，《马克思主义研究》刊载政治经济学论文的影响力指数和数量均排名第一，《毛泽东邓小平理论研究》《马克思主义与现实》《思想理论教育导刊》《教学与研究》等刊物在影响力和发文数量两个方面的表现都比较出色（见表7）。

表7 马克思主义理论类刊物刊载政治经济学论文的学术影响力（2011—2020）

按论文影响力排序			按论文数量排序		
序号	期刊	影响力指数	序号	期刊	发表论文数量（篇）
1	马克思主义研究	250.45	1	马克思主义研究	127
2	毛泽东邓小平理论研究	117.40	2	毛泽东邓小平理论研究	96
3	马克思主义与现实	113.17	3	马克思主义与现实	67
4	思想理论教育导刊	82.34	4	教学与研究	51
5	教学与研究	60.17	5	思想理论教育导刊	49

第三部分　中国政治经济学研究进展

本部分分 39 个主题，梳理了中国政治经济学 2011—2020 年的研究进展。其中，研究主题 1—10 为中国特色社会主义政治经济学研究进展。

一、中国特色社会主义政治经济学的理论来源与指导原则

1. 理论来源

2015 年 11 月 23 日，中共中央政治局进行第 28 次集体学习，中共中央总书记习近平在主持学习时指出，马克思主义政治经济学是马克思主义的重要组成部分，也是坚持和发展马克思主义的必修课。强调要立足中国国情和中国发展实践，揭示新特点新规律，不断开拓当代中国马克思主义政治经济学新境界。2015 年 12 月召开的中央经济工作会议提出，做好当前和今后一个时期的经济工作，"要坚持中国特色社会主义政治经济学的重大原则"。这是"中国特色社会主义政治经济学"作为一种新的概念首次被提出，也是目前唯一一个由国家最高领导人亲自提出的学术范畴和学科体系。

中国特色社会主义政治经济学不是无根之木、无本之源，它是在一定的理论"土壤"上生长出来的。卫兴华（2017）认为，中国特色社会主义政治经济学是马克思主义政治经济学中国化和时代化的成果，二者是一脉相承的源流关系。构建中国特色社会主义政治经济学，应当阐明马克思主义政治经济学有关社会主义的基本原理，辩明有关社会主义经济理论与实

践，以及构建中国特色社会主义政治经济学的是非问题。王立胜、郭冠清（2016）更是将中国特色社会主义政治经济学的理论来源概括为五个方面：马克思主义经典作家的著作、苏联东欧社会主义建设的理论遗产、中国传统文化的"基因"、非马克思主义经济学的文明成果和中国特色社会主义建设的理论成果。乔榛、郑岩（2017）对中国特色社会主义政治经济学的理论基础进行了进一步的细化，将中国特色社会主义政治经济学的马克思主义政治经济学基础细化为马克思的生产力理论、马克思的"人本经济思想"、发展的马克思主义政治经济学；将中国特色社会主义政治经济学构建的西方经济学借鉴细化为西方经济学的生产力理论、西方经济学的市场经济理论；并要求构建中国特色社会主义政治经济学的哲学基础，即要发现马克思哲学、我国传统文化对构建中国特色社会主义政治经济学的方法论意义。此外，中国特色社会主义政治经济学的形成也并不只是理论、概念运演的产物，它的存在也是历史大背景下实践的结晶。王立胜（2017）提出，中国特色社会主义政治经济学的历史生成有其深刻的时代背景，它是将中国经济实践经验系统化并提升为理论学说进而推动中国经济理论创新发展的必然要求，是增强对中国化马克思主义理论自觉和坚定"四个自信"的认识论前提，是增强中国经济学主体意识和主体性的需要；中国特色社会主义革命、建设和改革的实践是其生成的实践基础。因此，构建中国特色社会主义政治经济学，不仅是中国经济建设和改革实践提出的一种理论要求，而且也是中国经济学发展的重要机会。寻求中国特色社会主义政治经济学的理论出发点或基础是构建中国特色社会主义政治经济学的一个重要前提。

2. 指导原则

中国特色社会主义政治经济学的一系列重大原则贯串于这一理论发展的过程之中，体现了其独特的内在特性和根本精神，呈现出我们党在探索中国特色社会主义经济运行规律和发展道路上的理论逻辑，是我国社会主流意识形态的崭新创造。当前,推进中国特色社会主义政治经济学研究,需要把握一些重大原则。张雷声(2017)概括了如下五个重大原则,即以人民为中心、解放和发展生产力、公有制为主体和共同富裕、社会主义市场经济改革、对外开放,从研究立场、制度特性、发展路径等不同层面,体现其理论原理的内在特性和根本精神,呈现出探索中国特色社会主义经济运行规律和发展道路的理论逻辑。钱路波(2019)认为,中国特色社会主义政治经济学其自身所蕴含的重大原则体现了中国特色社会主义发展道路的理论逻辑。它所蕴含的重大原则主要包括：坚持以人民为中心是其首要原则；解放和发展生产力是其根本原则；坚持公有制主体地位和社会主义市场经济的改革方向是其基础原则；坚持按劳分配和实现共同富裕是其价值原则；坚持独立自主和扩大开放相结合是其重要原则；辩证唯物主义和历史唯物主义是其方法论原则。杨莘(2016)提出中国特色社会主义政治经济学应坚持的四个原则,即坚持马列方向、借鉴西学精华、关注现实国情、服务改革发展。崔朝栋(2016)将诸多原则概括为一个总则,认为中国特色社会主义政治经济学创新和发展的原则应该是习近平指出的"既要坚持其基本原理和方法论,更要同我国经济发展实际相结合"。中国特色社会主义政治经济学研究应遵循这一原则,不断丰富和发展马克思主义政治经济学,形成中国特色社会主义政治经济学的许多重要理论成果。

推进中国特色社会主义政治经济学研究是一项艰巨的理论任务,也是一项光荣的政治任务。要从推进党的事业、提高党的执政能力和执政水平出发,深入贯彻和把握重大原则,构建具有中国特色、阐述中国模式、传播中国理念的现代政治经济学,不断开拓中国特色社会主义政治经济学研究新境界,为丰富和发展中国特色社会主义理论体系做出更大贡献。

二、中国特色社会主义政治经济学的历史脉络

中国特色社会主义政治经济学是马克思主义政治经济学理论逻辑与当

代中国社会经济发展历史逻辑相结合的最新理论成果,是当代中国的马克思主义政治经济学。改革开放40多年来,我国经济社会发展成果斐然,中国特色社会主义政治经济学也在长期实践中不断创新发展,具体体现在其与时俱进的理论创新和"中国模式"的成功实践上。本专题阐述的是中国特色社会主义政治经济学产生、发展、创新的历史演进过程。

学界对于中国特色社会主义政治经济学发展脉络的把握是从分期开始的。简新华(2017)将改革开放以来中国特色社会主义政治经济学的形成与发展分为四个阶段:初步提出阶段(1978—1984)、基本形成阶段(1987—1993)、有所发展阶段(1997—2012)、定型成熟阶段(2013至今);主要成果即主要内容包括:社会主义本质理论、社会主义初级阶段理论、所有制理论、分配理论、社会主义市场经济理论、社会主义经济发展新理论、社会主义经济体制改革理论、社会主义对外开放理论,此外,现在还存在不少重大理论和实践的疑难问题,需要深入探讨、创新与发展。王小军(2016)认为,与改革开放进程相适应,中国特色社会主义政治经济学的发生和演进分为两大发展阶段:一是计划经济体制观念的突破(1978—1992),二是建立和完善社会主义市场经济体制(1992至今)。在此基础上,他又将"社会主义市场经济体制的建立和完善"阶段细分为三个小阶段,即建立社会主义市场经济体制时期(1992—2002)、完善社会主义市场经济体制时期(2002—2012)和十八大以来经济发展进入新常态时期(2012至今)。

有些学者从中国特色社会主义政治经济学中的不同理论内容出发,来阐述其总体的发展历程。周雨风(2019)回顾整理了改革开放以来我国经济发展战略、市场经济理论、基本经济制度及社会总体布局四方面的发展与创新,以此纪念改革开放40年来所建立的丰功伟绩。张雷声(2017)从研究立场、理论主题、方法特质、逻辑结构等方面,论述中国特色社会主义政治经济学所形成的一系列新理念新思想新论断,展示了中国特色社会主义政治经济学的发展与创新历程。赵娜、孔祥利（2018）将40年来经济改革与发展的主要理论成果进行系统化整理，提出中国特色社会主义政治经济学的理论创新主要反映在以下六个方面：社会主义初级阶段和社会主义本质理论、社会主义市场经济理论、社会主义所有制理论、社会主义收入分配理论、中国特色经济发展理论和中国特色开放经济理论。陈承明、刘翠燕（2017）提出，中国特色社会主义政治经济学是马克思主义经济理论与我国经济发展和改革实践紧密结合的理论产物和思想结晶，是对马克思主义经济理论的坚持、发展和创新，集中体现为：一是社会主义社会基本矛盾和基本经济规律的理论；二是以社会主义公有制为主体和坚持基本经济制度的理论；三是按劳分配与按要素分配紧密联系和相互促进的理论；四是宏观调控和市场调节合理分工与有机结合的理论；五是马克思政治经济学与西方经济学本质区别和相互联系的理论。

此外，也有学者从中国特色社会主义政治经济学建设取得的巨大成就入手，梳理其发展历程。李楠（2018）认为，中国特色社会主义政治经济学的话语体系建设方面的成就主要有：继承和创新马克思主义经济学的概念和范畴、借鉴吸收西方经济学的概念和范畴、不断总结提炼通识的新概念新范畴新表述；方法论体系建构方面的成就主要有：以马克思主义哲学为构建中国特色社会主义政治经济学的哲学基础、以马克思的方法论原则为构建中国特色社会主义政治经济学的根本方法、以西方经济学的研究方法为构建中国特色社会主义政治经济学的重要补充。

自1978年以来，中国特色社会主义政治经济学理论的发展轨迹和主体内容，体现为改革开放以来的全部思想理论与实践探索。循着我国改革开放的推进轨迹分阶段地挖掘中国特色社会主义政治经济学理论演进的发展轮廓和逻辑特征，体现为实践与理论辩证发展的认识规律，体现为生产力与生产关系的矛盾运动规律，体现为思想理论创新和发展战略贯彻的统一，体现为一以贯之与解放思想的统一。

三、 中国特色社会主义政治经济学的研究对象

任何学科建设的首要问题是确定其研究对象，中国特色社会主义政治经济学也不例外。尽管从2015年12月就正式提出了建设中国特色社会主义政治经济学的任务，但是迄今为止仍然没有取得一致意见，关键原因是政治经济学研究对象上的分歧。界定的研究对象范围过窄，有可能导致研究内容空心化、学科萎缩；界定的研究对象范围过宽，研究内容便会过于庞杂，使得本学科与其他学科的边界不清晰，无法固定学科的研究范围，有可能导致学科的边缘化。本专题就梳理了学术界有关中国特色社会主义政治经济学研究对象的几种代表性观点。

有些学者认为应以"生产关系"为研究对象，因为中国特色社会主义政治经济学的研究对象应与经典马克思主义政治经济学的研究对象保持一致。周新城（2018）认为，中国特色社会主义政治经济学应该紧扣"新时代"主题，在开展理论研究的同时解决现实问题。由于我国正处于社会主义初级阶段，中国特色社会主义政治经济学研究对象应被界定为"包含多层次内容的生产关系"。程恩富（2021）提出，中国特色社会主义政治经济学的研究对象是社会主义初级阶段的物质和文化领域的经济关系或经济制度。杨继国、袁仁书（2018）提出，《资本论》的研究对象是"广义生产关系"，并且这种"广义生产关系"需要通过《资本论》三卷的整体逻辑来把握。简新华（2018）认为，中国特色社会主义政治经济学研究的仍然是社会主义生产关系和相应的社会主义经济制度，也就是社会主义社会中人与人的关系。

部分学者认为中国特色社会主义政治经济学应"联系生产力研究生产关系"。卫兴华（2017）提出，马克思主义政治经济学主要是革命的经济学，中国特色社会主义政治经济学则主要是建设的经济学。因此，两者的

相同点是都将生产关系作为研究对象，不同点是后者还要从理论上探讨如何发展社会层面上的生产力。洪银兴（2016）认为经济建设是中国的中心任务，经济发展问题是首要问题，继而从社会主义的发展任务、所处历史阶段以及中国特色社会主义的具体实践三个角度进行分析论证，提出生产力理应是中国特色社会主义政治经济学的研究对象之一。周绍东（2021）认为，必须扩展传统的生产关系定义，把"广义生产关系"引入中国特色社会主义政治经济学中，并从微观、中观和宏观三个维度对其进行分解。从微观维度来看，人们之间的生产关系主要包括两个方面，一是劳动力和生产资料在企业（或其他类型的经济主体）内部的结合方式，并由此表现出来的人与人之间的经济关系。二是人们在市场交易过程中比较和交换个别劳动的关系，即劳动力本身的生产过程。从中观维度来看，劳动力和生产资料在产业间、区域间、城乡间以及国内外都可以进行不同形式的组合和搭配，并由此构成产业结构、区域经济结构、城乡关系以及国内外经济关系。在宏观维度上，生产关系最主要的是指市场与政府的关系。劳动力和生产资料既可以通过市场调节组合起来，也可以在政府各种宏观政策的指引下组合起来进行生产活动。宏观维度的生产关系涵盖了微观和中观维度的生产关系，是各种生产关系的宏观表现。

部分学者以"生产方式"这一概念为核心，对中国特色社会主义政治经济学的研究对象进行界定和阐释。逄锦聚（2016）的提法是"中国社会主义初级阶段的生产方式及与之相适应的生产关系和交换关系"。颜鹏飞（2018）则主张将"中国特色社会主义生产方式总体及其生产力和生产关系的运动规律"作为研究对象。余斌（2017）认为，中国特色社会主义政治经济学的研究应当更好地服务于现阶段中国特色社会主义经济发展实践，因此，其研究对象应该被界定为"处于社会主义初级阶段的具有中国特色的多种生产方式以及和它们相适应的生产关系和交换关系"。

有学者强调中国特色社会主义政治经济学的国别性，提出这门学科不仅要研究一国特殊的经济基础，还要研究其特殊的上层建筑。邱海平（2017）提出，"中国特色社会主义"是中国特色社会主义政治经济学的直接研究对象，中国特色社会主义政治经济学第一次被明确地确定为一门学科也体现了其理论范畴的独特性。张宇（2017）则认为，中国特色社会主义政治经济学既不是研究西方的经济学说，也不是单纯以社会主义作为研究对象，而是明确地将"中国特色社会主义经济形态"作为研究对象。蒋永穆、卢洋（2018）将中国特色社会主义政治经济学的研究对象划分为三个逻辑层次：以生产关系为首要研究对象，以生产力为必要研究对象，以上层建筑为重要研究对象。

改革开放以来，中国特色社会主义政治经济学不断把马克思主义政治经济学的基本原理和方法与中国经济改革开放的实践结合起来，在很多方面创新发展了马克思主义政治经济学，形成了中国特色社会主义政治经济学的很多重要理论成果。不断完善中国特色社会主义政治经济学理论体系，首先要明确中国特色社会主义政治经济学的研究对象。马克思主义政治经济学全面深入地研究了资本主义生产关系，中国特色社会主义政治经济学既要系统和深入研究中国特色社会主义生产关系，也要从理论上研究怎样更好地发展社会生产力，即以研究生产关系为主、结合研究生产力的社会生产方式。

四、中国特色社会主义政治经济学的逻辑起点

当前，中国特色社会主义政治经济学理论创新的首要问题就是确立中国特色社会主义政治经济学的研究起点。只有建立在科学的研究起点之上，才能建立科学的中国特色社会主义政治经济学体系。刘谦、裴小革（2020）强调，中国特色社会主义政治经济学逻辑起点的选择需要坚持以下三方面的原则：在学科整体性上，需要坚持从抽象到具体的基本原则；在方法论

方面，有必要借鉴马克思在构建其经济学体系时所坚持的方法论原则；在具体的体系构建过程中则需要能够反映这一学科鲜明的中国特色。对起点问题的探讨涉及学术界对政治经济学或者马克思主义政治经济学研究方法的看法，因此学界对该问题难以形成共识，众说纷纭。本专题针对中国特色社会主义政治经济学的逻辑起点问题进行文献梳理，概括出如下几种主要观点：

第一，商品论或"变形的商品"论。颜鹏飞（2017）根据马克思恩格斯关于"资本主义下变形的商品"的理论，认为应该以大量存在于社会主义初级阶段中，现实的社会主义公有制市场经济形态条件下的"变形的商品"作为中国特色社会主义政治经济学体系的逻辑起点或元范畴。刘明远（2018）认为，以中国社会主义初级阶段经济制度为研究对象的中国特色社会主义政治经济学理论叙述的起点范畴仍然是商品，劳动价值论仍然是整个理论体系的基础，基本经济范畴演变的逻辑顺序依然是资本、地产、雇佣劳动、国家、对外贸易、世界市场。周绍东（2017）提出，中国特色社会主义政治经济学的研究起点是社会主义商品，甚至可以说是中国特色社会主义背景下的商品概念。从这个概念出发构建起我们的理论体系，层层增加它的规定性。

第二，"基本经济制度"论。张宇（2016）在谈到中国特色社会主义政治经济学理论体系的特点时提出，中国特色社会主义政治经济学的逻辑起点是"基本经济制度"。他认为，以公有制为主体、多种所有制经济共同发展是社会主义初级阶段的基本经济制度，是中国特色社会主义生产关系的核心和基础，决定着中国特色社会主义经济的各个环节和各个方面。卫兴华（2019）反对将商品作为资本主义政治经济学的研究起点，因为他认为商品、商品生产、商品流通都是中性的，不具有特殊的社会属性。它既不决定也不影响任何社会经济制度的本质规定。他提出，公有制和公有制为主体是现阶段中国特色社会主义的"普照的光"，现阶段中国特色社会主义政治经济学的逻辑起点应是社会主义初级阶段的基本经济制度。

第三,"国家"论。邱海平(2010)以历史唯物主义为前提,提出社会主义政治经济学的逻辑起点是"国家",这是因为:一是中国现代社会以国家形成为起点,并且在整个中国现代社会中起支配作用,那么在理论上,当然就应该以"国家"作为逻辑上的"起点范畴";二是把"国家"作为中国政治经济学的"起点范畴",也是对政治经济学研究对象认识上的重大突破,从而极大地扩展了中国政治经济学的研究范围与内容;三是在社会主义政治经济学"逻辑起点"或"起点范畴"这个问题上,虽然学界曾经用"劳动""分工"等范畴进行过多种尝试,但并不成功。

第四,"现实的人"与"人民主体"论。刘新刚(2017)借鉴马克思在《关于费尔巴哈的提纲》《德意志意识形态》和《〈政治经济学批判〉导言》等文本中的政治经济学的研究起点———"现实人",并通过考察当前我国发展的现实,对马克思的政治经济学研究起点进行思维具体,给出中国特色社会主义政治经济学的研究起点是"动态发展中的有集体观念且追求私利的人"这样一个结论。北京市中国特色社会主义理论体系研究中心课题组(2017)提出,党的十八大以来,以习近平同志为核心的党中央所提出的"人民主体论"是对马克思主义政治经济学的丰富和发展,构成了中国特色政治经济学体系的逻辑起点。"人民主体论"以历史唯物主义为哲学基础,明确了劳动者是生产力中最活跃最根本的因素,揭示了生产资料公有制的社会基础和历史必然性,进一步确立了社会主义生产目的,夯实了劳动价值理论的学术基础。

第五,"劳动生产力"论。荣兆梓(2017)认为,讨论中国特色社会主义政治经济学的起点范畴,应当首先以确定其核心范畴为前提和基础。在核心范畴确定以前,社会主义政治经济首先讨论起点范畴有点本末倒置。基于此,他主张把"平等劳动"作为中国特色社会主义政治经济学的核心范畴,将"劳动生产力"设定为中国特色社会主义政治经济学叙述体系的逻辑起点。

黑格尔曾言，一门科学就是由一个概念作为开端即体系的逻辑起点，作为开端的概念必须构成这个体系的根据和原则，从这个根据和原则里可以找到它以后的规定。然而社会主义实践，特别是中国特色社会主义市场经济实践，时间还比较短，我们对社会主义经济问题的研究工作还在进行当中，对于某些问题特别是逻辑起点问题的理解还存在很大争议，社会主义政治经济学的理论体系还远未成熟。

五、 中国特色社会主义政治经济学的核心命题与基本特征

1. 核心命题

理论体系的核心是立论基础和实践要求的统一。理论体系的立论基础是其最重要的公理性假设，这个公理性假设决定了理论体系是不能轻易被经验证据驳斥的。立论基础对实践活动提出了明确要求，两者共同构成理论体系的核心。中国特色社会主义政治经济学理论是一个具有明确指向和内涵的命题。马克思主义政治经济学的基本理论、基本方法、基本经济范畴是其研究的基础，中国社会主义实践是其产生的主要来源。中国特色社会主义政治经济学理论体系的构建不能一蹴而就，必须采取局部突破策略，从每一个原理的论证和构建出发，经过从局部突破到系统整合，再最终完成理论体系的构建。

学术界对于中国特色社会主义政治经济学核心理论和命题的定位主要有如下几种观点。第一，"市场经济理论"或"政府与市场的关系"。刘谦、裴小革（2019）基于"核心理论的定位需要立足于社会主义初级阶段"和"核心理论的定位需要从方法论意义上借鉴马克思在构建其经济学体系时所遵循的原则"两个基本原则，提出可以将社会主义市场经济理论确立为中国特色社会主义政治经济学理论体系的核心。马敬桂、韦鸿（2017）认为，

公有制与市场经济的结合是构建中国特色社会主义政治经济学理论的首要问题和基础，形成和贯串于其中的市场和政府及相互关系是其主题和核心，中国的经济发展理论和道路是构建中国特色社会主义政治经济学理论的重点和关键。

第二，"所有制"。李正图（2017）提出，中国特色社会主义政治经济学的核心理论就是中国特色社会主义所有制经济理论，并从逻辑与历史一致、理论与实践结合、所有制经济理论演进到基本经济制度理论三个方面阐述所有制经济理论作为中国特色社会主义政治经济学核心理论的理由和依据。

第三，有的学者将核心理念理解为多元的，认为多个方面构成中国特色社会主义政治经济学理论体系的整体；也有的学者认为中国特色社会主义政治经济学的核心不是某一个或某几个观点，而是一种理念。刘雅静（2016）将中国特色社会主义政治经济学的理论体系概括为八个方面，分别是：关于社会主义经济发展阶段、关于社会主义本质、关于社会主义经济制度、关于社会主义分配制度、关于社会主义经济体制、关于社会主义经济运行机制、关于社会主义经济发展理念和关于社会主义国家的对外开放。王立胜、周绍东（2018）比较了西方主流经济学、苏联社会主义政治经济学、中国特色社会主义政治经济学三种理论体系的核心，结论认为：中国特色社会主义政治经济学在超越"经济人"和"机械的社会人"的基础上，创造性地形成了"能动的社会人"这一立论基础，并由此得出社会主义生产目的是"解放和发展社会生产力，不断改善人民生活"。

2. 基本特征

中国特色社会主义政治经济学从实践上源于改革开放和社会主义建设所取得的伟大成就。面向新时代，加强中国特色社会主义政治经济学的整体性研究尤其是特征问题研究，对于深入认识和把握习近平新时代中国特色社会主义思想具有重要的意义。

学界对于中国特色社会主义政治经济学的特征的概括有的是基于其理论内容，也有的是基于其方法论基础或根本原则。沈开艳（2018）基于"中国特色社会主义最本质的特征是中国共产党领导"这一前提，提出中国特色社会主义政治经济学具有十大基本特征：一是初级阶段的时代特征；二是所有制理论的制度特征；三是产权关系的法权特征；四是政府与市场关系的逻辑特征；五是公平分配的收入特征；六是央地关系的事权配置特征；七是产业结构的运行特征；八是以人为本的文化特征；九是以发展为要务的理念特征；十是改革开放的路径特征。周文、包炜杰（2018）梳理了面向新时代中国特色社会主义政治经济学的六个方面，即中国特色社会主义政治经济学本质观、所有制结构观、分配观、发展观、市场观、全球观，以期推动这一特征议题不断深化。王瑶、郭冠清（2017）从经济思想史的视角并结合对比分析，发现中国特色社会主义政治经济学具有四个方面的基本特征：一是"以人民为中心"的"阶级性"特征；二是"以唯物史观为方法论基础"的"科学性"特征；三是"以中国为研究对象"的"国别性"特征；四是"以社会主义市场经济为表现形式"的"实践性""时代性"特征。洪银兴（2018）认为，中国特色社会主义政治经济学现已进入构建学科体系阶段，其本质属性是以人民为中心和以问题为导向，中国特色社会主义政治经济学具有社会主义本质规定的新时代特征、社会主要矛盾的新时代特征和发展目标的新时代特征。白暴力、杨颖（2017）认为中国特色社会主义政治经济学继承了马克思主义政治经济学的理论属性，马克思主义政治经济学是阶级性和科学性的统一，在中国特色社会主义中阶级性体现为人民性。

六、中国特色社会主义政治经济学的叙述主线与理论框架

叙述主线将中国特色社会主义政治经济学的各个概念、范畴、理论串

接为有机联系整体，是整个学科理论内容和逻辑体系的支撑。理论框架是中国特色社会主义政治经济学的枝干架构。总体来看，国内学术界针对中国特色社会主义政治经济学的叙述主线与理论框架这一课题进行了深入而广泛的探讨，涌现出一批具有影响力的学术成果。

关于逻辑主线的研究仍然是一个难点，在逻辑主线确立方面，目前学界还存在着诸多争论。黄泰岩、张晓晨（2016）认为，构建中国特色社会主义经济理论体系的核心主线是发展，这是由社会主义初级阶段的主要矛盾、社会主义制度的优越性以及中国经验总结提升的中国理论性质所决定的。顾海良（2017）、洪银兴（2017）进一步提出解放和发展生产力、达到共同富裕是中国特色社会主义政治经济学的主线。洪银兴（2020）强调，构建中国特色社会主义政治经济学的主线应是邓小平所指出的，社会主义初级阶段社会主义的本质是解放和发展生产力，消灭剥削，消除两极分化，逐步达到共同富裕，并解决好人民日益增长的美好生活需要和不平衡不充分的发展之间的矛盾。王昌林、吴涧生、刘强（2018）同样把社会主义制度的自我改造、自我完善，不断解放和发展生产力，实现共同富裕作为中国特色社会主义政治经济学理论体系的主线，这不仅符合马克思主义政治经济学的一般原理，而且紧密贴合当代中国的改革开放实际。

也有学者认为解放生产力、发展生产力和社会主义市场经济都不能成为构建中国特色社会主义政治经济学的主线，而是要把"以人民为中心的发展思想"作为主线。胡钧（2017）、崔宝敏、董长瑞（2017）等人基于"人的全面自由发展"的视野梳理了当代中国马克思主义政治经济学的研究主线。他们主张以人的全面自由发展为主线，以满足最广大人民的现实需求为出发点，突出强调人本思想。张道根、薛安伟（2020）认为中国政治经济学研究长期偏离研究生产关系这条主线，中国特色社会主义政治经济学的理论体系，以交易为中心紧扣人与人之间的生产关系展开分析，要遵循从一般到特殊、从抽象到具体、从简单到复杂的原则，按照历史逻辑、理论逻辑有机结合的路线构建。李建平（2018）、孙迎联、李炳炎（2020）立足于马克思确立《资本论》逻辑主线的基本原理和方法，并结合中国特色社会主义经济在新时代发展的目标和特征，分别提出中国特色社会主义政治经济学的逻辑主线是物质利益及"需要价值"及其运动转化的范畴体系。此外，沈佩翔、蒋锦洪（2019）强调新时代中国特色社会主义政治经济学的逻辑主线是共享发展。共享发展强调全民共享、全面共享、共建共享和渐进共享，科学地回答了新时代中国特色社会主义政治经济学关于"发展为了谁、发展依靠谁、发展成果由谁享有"等问题，分别从主体维度、内容维度、动力维度、过程维度构成新时代中国特色社会主义政治经济学创新发展的逻辑。

近年来，学界对中国特色社会主义政治经济学的理论框架进行了深入探讨，但由于研究视角的差异性，学界构建的中国特色社会主义政治经济学的理论框架差异较大，可概括为以下三种类型。

一是以叙述主线为切入点，将中国特色社会主义政治经济学的理论内容前后贯串起来，形成一个有机整体。黄泰岩、张晓晨（2016）以发展为主线提出中国特色社会主义经济理论框架应该包括以下几方面的主要内容：发展理念、发展目的、发展动力、发展道路、发展资源、发展环境、发展制度、发展文化。张宇（2017）、乔榛（2017）、顾海良（2018）、刘晅之（2019）、洪银兴（2020）等人都以"经济制度—经济体制—经济运行—经济发展"为叙述主线来构建中国特色社会主义政治经济学的理论框架。洪银兴（2017）对现实社会经济的分析大致有三个层面：一是本质层面即经济制度分析；二是经济运行层面即资源配置层面分析；三是经济发展层面即发展和保护生产力分析。张宇（2017）提出，中国特色社会主义经济制度、经济运行、经济发展和对外开放作为一个有机整体，相互联系、融会贯通，全面反映了中国特色社会主义经济的本质特征和内在规律。刘晅之（2019）强调经济制度层面涉及经济制度、市场体制完善等，经济运行和经济发展层面需要从宏观、中观、微观三个层面来深化研究。

二是提炼中国特色社会主义政治经济学的基本理论元素构建其理论框架。邵彦敏、王营（2017）认为建设和发展中国特色社会主义政治经济学的关键是逻辑体系的构建，包含研究对象、价值取向、研究方法、话语体系、核心命题等多种基本理论元素。李建平（2018）在学习和借鉴国内有关中国特色社会主义政治经济学多种教材和论著的基础上，提出中国特色社会主义政治经济学的体系结构应分为导论、本论、余论三大部分。导论概述中国特色社会主义政治经济学的若干基础理论问题，本论论述中国特色社会主义政治经济学的基本内容，余论强调中国特色社会主义政治经济学以人民为中心的根本立场。刘明远（2018）运用马克思构建"六册结构"计划与《资本论》体系的方法论，从而提出一个中国特色社会主义政治经济学理论体系，这个体系包括中国特色社会主义政治经济学的研究对象、基本方法等理论元素。李晓、范欣（2019）基于中国实践所形成的社会主义本质理论、社会主义初级阶段基本经济制度理论、基本分配制度理论等，将中国特色社会主义政治经济学理论概括为以下四个方面：社会主义经济制度；微观经济的政治经济学；中观经济的政治经济学；宏观经济的政治经济学。

三是将中国特色社会主义政治经济学理论体系分为理论与实践两部分，分别回答中国特色社会主义经济建设、改革和发展要解决的重大理论和实践问题。赵锦辉（2018）提出建立前提—本质—运行—趋势的四分法分析框架，将新时代中国特色社会主义政治经济学理论框架分为四篇：第一篇研究社会主义制度建立的前提和社会主义初级阶段产生的前提；第二篇研究社会主义初级阶段的本质；第三篇研究新时代中国特色社会主义经济运行的规律及其具体表现；第四篇研究新时代中国特色社会主义经济发展趋势。陈昊、丁晓钦（2019）认为中国特色社会主义政治经济学的逻辑框架包括逻辑起点、理论逻辑、历史逻辑、实践逻辑和最终目标等基本组成部分。任保平（2018）认为新时代中国特色社会主义政治经济学的框架和范围包括以下几个方面。第一，习近平新时代中国特色社会主义经济思想。第二，新时代中国特色社会主义经济的重大理论问题。第三，新时代中国特色社会主义经济的重大实践问题。第四，新时代中国特色社会主义经济的重大历史经验总结。总之，中国特色社会主义政治经济学叙述主线以及理论框架的研究还在继续推进和完善之中，需要学者们长期持之以恒研究，才能使中国特色社会主义政治经济学理论体系不断发展、走向成熟。

七、中国特色社会主义政治经济学的研究方法与构建路径

中国特色社会主义政治经济学的研究方法是指研究过程中所持有的特定立场和观点，既包括最根本意义上的方法论，也包含针对某一具体问题采取的分析手段。构建中国特色社会主义政治经济学理论体系，是开拓当代中国马克思主义政治经济学新境界的时代任务，是引领我国经济发展新常态的时代需要。近年来，学术界围绕中国特色社会主义政治经济学研究方法与构建路径展开了深入研究。

对于中国特色社会主义政治经济学的研究方法，学界形成了两点共识。首先，中国特色社会主义政治经济学应当坚持以辩证唯物主义和历史唯物主义为指导。沈开艳（2017）、刘昫之（2019）认为辩证唯物主义与历史唯物主义的二元辩证分析法是中国特色社会主义政治经济学的基本研究方法。张雷声（2016）强调以唯物史观为核心的研究方法在当代中国马克思主义经济学研究中的具体化，主要表现在求真务实的分析思维、矛盾分析思维以及整体分析思维。张宇（2017）、邹升平（2016）认为，中国特色社会主义政治经济学最根本的方法是历史唯物主义的方法，创新发展中国特色社会主义政治经济学必须坚持普遍性与特殊性、共性与个性、一般与个别的辩证法。熊亮（2020）进一步分析了马克思主义唯物辩证法坚持整体、联

系和发展的观点，反对片面、形而上学和静止的观点。

其次，对具体现象背后机理的叙述方法上可以多样化。关于"抽象法"的内涵，张俊山（2020）提出，科学抽象是马克思主义用来分析认识经济事物及现象的基本方法。科学抽象不同于一般的归纳概括，它有自己特有的要求和过程，是在辩证唯物主义和历史唯物主义指导下的抽象过程。关于研究方法与叙述方法的关系，李弦、王让新（2019）认为，马克思在政治经济学研究过程中主要坚持了两种方法：一种是从"抽象上升到具体"的叙述方法，另一种是"从具体到抽象"的研究方法。这两种方法紧密联系在一起，是一个辩证的完整的统一体，对当前建设中国特色社会主义政治经济学具有极为重要的启示作用。关于数学模型等分析技术手段的取舍问题，余斌（2017）认为，中国特色社会主义政治经济学在研究方法上绝不排斥数学的运用，不排斥公式。简新华（2018）提出，数学模型和计量分析是经济研究的重要方法，而历史唯物论和唯物辩证法则是更重要的基本方法。另有学者归纳总结了中国特色社会主义政治经济学研究方法。颜鹏飞（2017）认为，中国特色社会主义政治经济学体系研究方法就是致力于研究对象和研究方法的五大对立统一。裴小革（2016）强调，中国特色社会主义政治经济学的经济分析方法，是尊重客观经济规律、实事求是的方法。掌握中国特色社会主义政治经济学的经济分析方法，必须处理好解放思想和实事求是的关系。掌握中国特色社会主义政治经济学的经济分析方法，还必须重视调查研究。

随着中国特色社会主义进入新时代，构建中国特色社会主义经济理论新体系具有了现实的可能性和可行性。黄泰岩、张晓晨（2016）认为我国具备了构建中国特色社会主义经济理论新体系的基本理论元素。中国经济的成功发展理应孕育着与之相匹配的中国特色社会主义经济理论学说和体系。颜鹏飞（2017）提出，社会主义公有制与市场机制如何有效结合，进而有效市场与有为政府如何有效结合的问题是构建中国特色社会主义政治经济学体系的根本性难题。周文、宁殿霞（2018）认为中国特色社会主义政治经济学的构建过程事实上就是社会主义生产关系背后经济规律的揭示过程，因此，中国特色社会主义政治经济学构建应该立足中国实践、提炼中国经验。张道根、薛安伟（2020）总结了构建中国特色社会主义政治经济学要聚焦四个方面：一是必须回归马克思主义政治经济学的本意；二是必须坚持以人民为中心的发展思想；三是必须立足中国社会主义初级阶段的国情实际；四是必须围绕交易范畴重构理论体系。

新时代构建中国特色社会主义政治经济学，需要明确研究立场及方法。林光彬（2016）、闫柳君、赵春玲（2018）根据中国历史演进中"以民为本"和"以人民为中心"的发展思想和政治经济学根本立场，提出构建中国特色社会主义政治经济学需要从中华传统经济思想史中提取精华，以我为主，古为今用，洋为中用，辩证取舍，推陈出新。逄锦聚（2018）强调，总结好当代中国经济建设和改革开放的实践经验，坚持问题导向，加强对时代和实践发展提出的重大课题研究，吸收中国传统文化中的优秀经济思想，学习和借鉴世界各国文明成果，是构建中国特色社会主义政治经济学的根本途径。李定（2018）认为，构建中国特色社会主义政治经济学理论体系，必须遵循《资本论》研究的基本方法。吴宣恭（2017）、韩喜平、邓德强（2017）等人提出，中国特色社会主义政治经济学的创新路径与方法，要基于我国国情和发展实践需要，提炼中国经济社会发展经验，不断发现和研究我国经济发展面临的新情况、新问题，积极破解经济发展中的难题，要从中国经济体制改革和发展的实践中挖掘新材料，发现新问题，提出新观点，构建新理论。

坚持和发展中国特色社会主义政治经济学，要不断开拓中国特色社会主义政治经济学的构建路径。高帆（2016）从理论范式形成的角度出发，提出构建中国特色社会主义政治经济学应明确其研究对象、研究方法和研究价值，并基于梳理已有理论、比照中国实践、推进逻辑建构、形成学术影响等步骤积极推进。于金富（2018）认为构建中国特色社会主义政治经济学需走自主创新之路，这既是当代中国政治经济学发展的内在要求，也是构建中国特色社会主义政治经济学的根本途径。张占斌（2019）强调构建新时代中国特色社会主义政治经济学，要把握科学的研究维度并坚持重要原则，坚持马克思主义为指导，坚持理论的继承与创新，坚持以人民为中心，适应社会主要矛盾转化，反映新时代实践要求。蒋永穆、张晓磊、周宇晗（2018）认为中国特色社会主义经济发展理论新的探索和构建包括以下几个方面：对马克思恩格斯经济增长和经济发展理论的深度挖掘；对中国经济高速增长的政治经济学解释；对中国特色社会主义经济发展实质的科学认识；对中国独特经济发展战略、独特经济发展方式和独特经济发展道路的接力探索；对绿色发展的探索形成；实体经济和虚拟经济关系的正确处理；对城乡一体化发展新格局的加快构建等。张占斌、钱路波（2018）总结了中国特色社会主义政治经济学的构建路径：一是要坚持以习近平新时代中国特色社会主义经济思想为指导；二是进一步拓展中国特色社会主义政治经济学的研究对象范围；三是把体系创新与运用创新有机结合起来；四是对中国特色社会主义经济建设的重大历史经验进行总结；五是充分吸收并合理借鉴西方经济学的科学成分。构建和发展中国特色社会主义政治经济学，不是单一学科和少数人的事情，而需要多学科共同努力，汇聚广大的学者队伍，共创中国特色社会主义政治经济学的辉煌。

八、中国特色社会主义政治经济学的范畴构建与话语体系

中国特色社会主义政治经济学的中心范畴是整个中国特色社会主义政治经济学理论逻辑结构和理论体系的关键。中国特色社会主义政治经济学范畴充当了中国经济学话语权建设的理论载体。中国特色社会主义进入新时代，建设具有中国特色、中国风格、中国气派的政治经济学话语体系比

任何时候都更加迫切。近年来，学术界围绕范畴构建及话语体系等问题展开讨论，涌现出了大量政治经济学研究成果，丰富和发展了中国特色社会主义政治经济学理论。

中国特色社会主义政治经济学的中心范畴是其理论所围绕的核心。张雄（2016）将当代中国马克思主义政治经济学范畴的内涵定义为中国共产党人追求全球经济正义、实现社会主义强国富民的经济学说。王朝科（2017）提出，一门学科的范畴大致有三种来源：直接继承前人的成果对原有的范畴进行改造和发展以满足建立新的理论和解释新的问题；移植其他学科的范畴；根据研究需要提出新的范畴。文魁（2017）强调中国特色社会主义政治经济学必须立足中国的实践，提出新观点、发现新范畴、构建新理论。顾海良（2018）认为社会主义市场经济的术语革命，贯串于中国经济体制改革的整个历程，成为中国特色社会主义政治经济学的主题范畴。贾后明、张得胜（2019）、张方波（2019）提出中国特色社会主义政治经济学的范畴构建，要以《资本论》中经济学范畴为主体，借鉴和利用西方经济学的范畴与术语，从中国特色社会主义经济建设的实践出发，用科学的范畴体系奠定话语体系的坚实基础。

关于中国特色社会主义政治经济学范畴确定方面，目前学界存在诸多争论。李楠、崔霞（2016）将中国特色社会主义经济理论体系的基本范畴总结为人民主体地位、解放和发展生产力、社会主义初级阶段、社会主义初级阶段的基本经济制度、共同富裕、社会主义市场经济、科学发展、对外开放等八个基本范畴。李定（2018）认为，中国特色社会主义政治经济学理论体系的中心范畴，应当是以人民为中心，促进人的全面发展。洪银兴（2020）提出，中国特色社会主义政治经济学把财富作为基本经济范畴并注重财富分析，其理论和实践价值都是价值范畴和价值分析无法替代的。周文、刘少阳（2020）、张方波（2019）强调新常态是社会主义初级阶段提炼出来的主要范畴，同时出现新的发展战略、新的发展理念，以及生产关系新的调整等改革和发展的实践，由此产生了许多重要的经济范畴，它们为中国特色社会主义政治经济学的系统性构建提供了充足的理论素材，是构建经济范畴体系需要继承和发展的理论品质。此外，王朝科（2017）总结了构建中国特色社会主义政治经济学的范畴体系基本思路：第一，从中国特色社会主义经济发展的历史中抽象出中国特色社会主义经济的若干特征事实。第二，系统梳理马克思主义政治经济学的范畴体系并与中国特色社会主义经济的若干典型特征事实进行比对。第三，基于中国特色社会主义的特征事实，把那些虽不能直接构成中国特色社会主义政治经济学范畴体系的马克思主义政治经济学范畴，植入中国特色社会主义经济的实践素材加以发展，从而构成中国特色社会主义政治经济学范畴体系的一部分。第四，从西方经济学或其他学科批判性地吸收科学合理的范畴。第五，根据中国特色社会主义经济发展实践创造性地提出新的范畴。

中国特色社会主义政治经济学的中心范畴是我国获得国际影响力和话语权的前提条件。刘灿（2016）、黄泰岩（2016）、付文军（2019）提出构建中国特色社会主义政治经济学的理论体系要从我国经济发展的长期实践出发，形成中国自己的概念、范畴。把这些反映中国经验的新概念、新范畴、新规律系统化为一个完整的经济理论或经济学体系，即经济理论的"中国话语体系"。洪银兴（2017）、贾后明、张得胜（2019）认为构建中国特色社会主义政治经济学话语体系需要从中国特色社会主义经济建设出发，不断构建富有中国原创性范畴和思想、解决中国经济问题的中国特色社会主义政治经济学话语体系。

创新发展中国特色社会主义政治经济学，需要用"中国话语"构建中国特色社会主义政治经济学话语体系。第一，构建中国特色社会主义政治经济学的新话语。丁晓钦、程恩富（2016）提出共享发展新理念，突出发展的根本目的是为了人民，发展的力量是依靠人民，发展的成果由人民共享，是具有中国特色社会主义政治经济学的新话语、新概念和新理论。孟捷（2018）认为中国特色社会主义政治经济学包括政策—制度话语和学术—理论话语，这两种话语在类型上存在差异，但共同构成了中国特色社会主义政治经济学的完整话语体系。顾海良（2018）强调"术语的革命"应该成为中国特色社会主义政治经济学学术话语体系建设的重要内涵。其间形成了诸如社会主义初级阶段及其基本路线、社会主义主要矛盾、社会主义市场经济、小康社会、共同富裕、经济新常态、新发展理念、对外开放等原始创新性"术语的革命"。它们自然成为中国特色"系统化的经济学说"之"崭新的因素"，是中国特色社会主义政治经济学学术话语体系的重要标识。第二，构建中国特色社会主义政治经济学话语体系需要对经济学的西方概念进行"术语革命"。王立胜（2016）提出当前面临的理论问题不是中国自己的经济模式要不要上升到理论层次，而是中国经济模式的成功正在国际范围内面临不同主义、不同导向的理论解释。如果不形成自己的理论，我们必然会在现有各种理论的解释中失去话语权，甚至有在西方的话语体系中迷失方向的危险。周文（2017）认为必须认真看待和高度重视中国经济学研究中存在的严重西化倾向及其产生的严重危害。此外，周文、刘少阳（2020）强调用中国特色、中国风格的术语"创造性"重构经济学的基本理论和逻辑体系，为世界经济的发展贡献中国智慧和中国价值。第三，构建中国特色社会主义政治经济学话语体系有多种途径。洪银兴（2017）、贾后明、张得胜（2019）提出中国特色社会主义政治经济学话语体系包括三个方面：一是马克思主义政治经济学尤其是《资本论》提供的政治经济学话语体系；二是中国特色社会主义经济实践中创新的话语体系；三是批判地吸收世界成熟的经济学理论。贺卫华（2107）、沈开艳（2017）认为构建中国特色社会主义政治经济学话语体系要植根于中国改革开放和经济发展的丰厚土壤，学习借鉴西方经济学理论新成果和国外经济发展实践新成果的基础上，不断概括和总结我国改革开放实践中出现的新情况、新材料和新事实。丁堡骏（2018）认为中国特色社会主义政治经济学话语体系建设包括：第一，从总体上充分肯定我们已有的建设成绩；第二，对中国特色社会主义政治经济学的教材建设，更加注意对马克思主义经典作家对于社会主义经济关系的阐述，将他们的科学社会主义思想阐述清楚，然后再结合中国实际进行具体化；第三，科学地对待和系统科学地推广运用马克思主义研究和建设工程教材；第四，积极推进哲学社会科学规划和奖励；第五，大学教育教学要坚决扭转全盘西化的问题。

九、 中国特色社会主义政治经济学学科研究

中国特色社会主义政治经济学学科是相对独立的知识体系，它既是学术分类的名称，又是教学科目设置的基础。目前，高校中国特色社会主义政治经济学教学存在被边缘化的倾向，与教学方针不明确、缺乏权威教材、理论体系不完善、师资队伍不健全以及教学方法不合理等问题密切相关。探索解决问题的主要途径成为中国特色社会主义政治经济学理论创新和实践探索亟待解决的主要问题。

中国特色社会主义政治经济学学科性质的三种解读路径：第一，中国特色社会主义政治经济学是当代中国的马克思主义政治经济学。洪银兴（2017）认为中国特色社会主义政治经济学是当代中国的马克思主义政治经济学，表现在：它是以人民为中心的政治经济学；研究对象是一定社会相互联系的生产力和生产关系；研究的基本方法是唯物辩证法和历史唯物主义。第二，中国特色社会主义政治经济学是社会主义政治经济学的发展。张宇（2016）提出，中国特色社会主义政治经济学是中国版的社会主义政治经济学，其内容涵盖中国特色社会主义经济的生产、分配、交换、消费等主要环节以及基本经济制度、基本分配制度、经济体制、经济发展和对外开放等主要方面。邱海平（2017）强调只有把中国特色社会主义政治经济学理解为中国特色社会主义的政治经济学，才能充分认识中国特色社会

主义政治经济学的鲜明理论特性和巨大的理论创新价值。第三，中国特色社会主义政治经济学是过渡理论。洪银兴（2017）认为中国特色社会主义政治经济学的阶段性地位有两方面：一方面在生产关系上属于社会主义初级阶段政治经济学；另一方面在生产力发展水平上，中国特色社会主义政治经济学属于中等收入发展阶段的政治经济学。石镇平（2020）将中国特色社会主义政治经济学看作是落后国家向共产主义第一阶段过渡时期的政治经济学。

辩证看待西方经济学，是发展和完善社会主义市场经济和中国特色社会主义政治经济学的迫切需要。孙立冰、蒋岩桦（2017）认为建设中国特色社会主义，用西方经济学来指导必然会犯方向性的错误。中国特色社会主义政治经济学属于马克思主义理论体系，而非西方资产阶级经济学理论体系。张道根、薛安伟（2020）强调马克思主义政治经济学与西方经济学有三个具体且重大的差异：一是马克思主义政治经济学具有鲜明的阶级性；二是马克思主义政治经济学认为任何生产关系或经济制度都是历史的，资本主义生产关系或经济制度不是永恒的；三是马克思主义政治经济学是制度经济学，西方主流经济学是资源配置经济学。赵锦辉（2017）分析了西方经济学与中国特色社会主义政治经济学的区别：从立场上看，西方经济学站在资产阶级意识形态立场上；从观点上看，西方经济学是西方国家经济学者关于资本主义国家数百年来市场经济运行经验的总结。因此，对于西方经济学，我们应始终站在人民立场上，从社会主义市场经济实际出发，合理借鉴其中的有益观点及研究方法，发展并完善中国特色社会主义政治经济学。

目前，高校中国特色社会主义政治经济学教学存在被边缘化的倾向。孔祥利、秦晓娟（2017）提出，中国特色社会主义政治经济学存在"被边缘化"和"自边缘化"两种倾向，前者指在相当长的一个时期，西方经济学的理论研究和教学内容，完全盖过甚至取代了马克思主义政治经济学，使政治经济学出现了被弱化和被边缘化的趋势。后者指政治经济学学科未能很好发挥政治经济学自身的作用，自身创新和发展缓慢，研究方法传承与发展不够。周文（2017）强调现在许多重点综合大学尤其是财经高校在经济学教学中围绕"西方经济学"开设了一系列课程，这些课程的数量远远超过了同属经济学学科下的政治经济学、经济史、经济思想史等专业的课程数量。鲁保林、孙雪妍（2017）归纳出中国特色社会主义政治经济学学科建设存在的三大问题：第一，边缘化与形式化；第二，理论成果丰硕，但缺乏系统化学说；第三，教材编写仍是短板。

近年来，学术界一直在探索解决中国特色社会主义政治经济学学科建设问题的途径。第一，深入挖掘中国特色社会主义政治经济学的思想史资源。李家祥（2019）认为中国特色社会主义政治经济学史的研究具有前沿性和不成熟性，建议专家学者撰写概述性专著或系列著作。林光彬（2016）提出要夯实政治经济学的跨学科综合研究，提高其对社会经济的解释力。刘清田（2019）强调发掘和建设中国特色社会主义政治经济学思想史的过程中，需要侧重和凸显四个方面的内容：梳理中国特色社会主义政治经济学本身开创、形成和发展的历史；界定中国特色社会主义政治经济学史的历史起点；构建叙述主线和内容结构，确立内在贯通始终的理论主线；不仅要讲理论史，更要明确讲方法创新史。第二，教科书建设是学科建设的重要组成部分。周绍东（2017）提出，编写一本兼具理论性和实践性的中国特色社会主义政治经济学教科书，成为摆在中国学者面前的重大课题。胡莹、郑礼肖（2020）总结了我国政治经济学（社会主义部分）教材的发展主要经历了三个时期，提出坚持政治经济学教材的现实性与时代性、重视研究经济学理论一般与特殊的关系以及在批判中借鉴西方经济学是我国在建设政治经济学（社会主义部分）教材过程中取得的主要经验。第三，吸收和融通西方经济学的有益成分。吴志远（2017）认为当前我国经济学界热衷于对西方经济思想理论的学习宣传教育，而对马克思主义政治经济学的学习研究却不尽如人意。方福前（2019）提出，可以对西方经济学的理论实施"剔除术""整形术"和"移植术"，吸收和融通其有益成分为创建中国特色社会主义政治经济学之用。邵彦敏、白兮（2016）强调中国特色社会主义政治经济学既要借鉴吸收西方经济学的理论成果，更要批判扬弃西方经济学的理论局限。第四，重视中国特色社会主义政治经济学教学改革。任保平（2016）强调中国马克思主义政治经济学的教学任务要着力研究经济发展规律，为实现经济科学发展和可持续发展提供理论指导。在方法方面，除继续坚持讲授马克思主义政治经济学的唯物辩证法和科学抽象方法以促进基础理论教学外，需要重点强调历史分析、结构分析和制度分析。郭旭红、武力（2019）提出，必须建设一批高素质的经济学教师队伍以及改革创新课堂教学和实践教学模式，以提高中国特色社会主义政治经济学教学的说服力和感染力，达到"立德树人"的目的。鲁保林、孙雪妍（2017）总结出四种改革途径：在教学科研层面要加强顶层设计；抓好政治经济学导师队伍建设和人才培养；纠正学术期刊唯西方主流经济学和数学模型马首是瞻的不良倾向；依托现有高校的马克思主义经济学研究院建设由学者、政界人士、国有企业等组成的高端智库。

十、中国特色社会主义政治经济学的时代价值与现实意义

中国特色社会主义政治经济学是马克思主义政治经济学基本原理与当代中国实践相结合，同时吸取中国历史优秀文明成果，借鉴世界上别国优秀文明成果的产物，是马克思主义政治经济学的最新发展。中国特色社会主义政治经济学不仅有力地指导了我国经济发展的实践，也丰富了人类经济思想的宝库。

"中国特色社会主义政治经济学"的提出指明了中国经济学理论研究和创新发展的根本方向，具有重大的理论价值和实践价值。张雷声（2017）

提出，中国特色社会主义政治经济学坚持马克思主义政治经济学关于生产关系研究的理论主题，对中国特色社会主义"生产关系多层次"与"具体经济制度多层次"的"双重维度"主题的研究做出了开拓性贡献。蒋茜（2017）认为中国特色社会主义政治经济学作为中国特色社会主义理论体系的组成部分，在中国特色社会主义理论体系中发挥着重要作用。新时代中国特色社会主义政治经济学不仅有理论贡献，更有实践价值。王立胜（2018）强调，中国特色社会主义政治经济学实践价值集中体现在：引领中国物质文明、政治文明、精神文明、社会文明、生态文明"五大文明"全面提升，引领中国实现国家治理体系和治理能力现代化，引领中国综合国力和国际影响力领先，引领中国全体人民基本实现共同富裕，引领中国人民享有更加幸福安康的生活，引领中华民族以更加昂扬的姿态屹立于世界民族之林。邱海平（2017）认为在政府与市场关系、国有企业改革和供给侧结构性改革等问题上，中国特色社会主义政治经济学都具有重大的实践价值。张占斌、钱路波（2018）也提出中国特色社会主义政治经济学为新时代中国特色社会主义经济建设提供理论指引和方向遵循。

中国特色社会主义政治经济学是在新形势下对中国特色社会主义建设的规律性总结，也是面向未来解决中国发展的理论指导，具有重要的现实意义。邱海平（2016）、张占斌、钱路波（2018）提出，党中央鲜明地高举起当代中国马克思主义、当代中国马克思主义政治经济学和中国特色社会主义政治经济学的旗帜，向全世界、全党和全国人民宣示了坚定地走中国特色社会主义道路的坚定立场和信念。陈承明、刘翠燕（2017）认为中国特色社会主义政治经济学是马克思主义经济理论与我国的改革开放和现代化建设相结合的理论产物和思想结晶，体现了初级阶段经济的两重性和多元化特点以及与多种经济成分相融合的客观规律，是马克思主义经济理论中国化和时代化的创新成果，对加快我国经济发展和现代化建设具有重大的现实意义。王立胜（2016）总结了中国特色社会主义的时代意义具体表现在三方面：总结历史经验；解决现实问题和指明未来方向；中国道路的学术话语权问题。

中国特色社会主义政治经济学也为世界经济发展贡献了中国智慧。王朝科（2017）、张占斌、钱路波（2018）、于书伟（2018）认为中国特色社会主义政治经济学的形成、发展不仅具有自身的本民族意义，而且还有全球性的科学社会主义意义。丁晓钦（2016）、李晓、范欣（2019）提出中国特色社会主义政治经济学不仅适用于发展中国家推进工业化、实现现代化，也适用于转型国家的经济发展。丁晓钦（2016）特别提出中国特色社会主义政治经济学对其他发展中国家具有示范意义、对发达资本主义国家（地区）具有借鉴意义、对重塑世界政治经济体系具有理论意义。逄锦聚（2016）总结归纳出中国特色社会主义政治经济学世界性的两重含义：一重含义是在中国特色社会主义政治经济学的民族性中，包含着人类共同的价值追求，具有世界范围经济学理论的一般性和普遍性；另一重含义是中国特色社会主义政治经济学可以与别国经济理论与实践相互学习和借鉴。

当前，要进一步提高对中国特色社会主义政治经济学重要性的认识，使其成为中国的主流经济学。简新华、余江（2016）强调，必须大力培养年轻的马克思主义政治经济学家，壮大研究队伍，提高研究能力，必须以中国改革和发展的重大问题为研究导向，紧跟中国改革开放和发展的实践，组织攻关探索中国改革发展的重大问题和世界性难题，科学总结中国经验，把实践经验上升为系统化的经济学说，为中国新阶段的改革和发展献计献策，提出更具有针对性和可操作性、更为正确合理的对策建议。逄锦聚（2016）、张占斌（2016）认为中国特色社会主义政治经济学只有立足我国国情和实践，吸取优秀传统文化，同时又能认真吸取别国经济学的有益成分和实践经验，提出具有主体性、原创性的理论观点，构建具有自身特质的学术体系、话语体系，才能真正形成自己的特色和优势，并为世界经济和经济学理论的发展贡献中国智慧。程承坪（2017）提出中国特色社会主义政治经济学只有借鉴经济学的一切文明成果，兼收并蓄，才能形成无愧于时代和历史、充分体现中国特色、同时具有世界意义的新的经济学科。逢锦聚（2018）认为，中国特色社会主义政治经济学要跟上时代和实践发展的步伐，反映时代和实践发展的要求，需要进一步拓展研究对象范围，在着力研究生产力与生产关系的同时，加强对社会发展和上层建筑的研究，充分阐释新时代、新矛盾、新思想、新目标和新举措，进一步贯彻以人民为中心的思想，加强对贯彻新发展理念、建设现代化经济体系的研究，为引领世界前进、推动构建人类命运共同体贡献中国智慧。蒋南平（2018）提出，新时代中国特色社会主义政治经济学应坚持反映以习近平同志为核心的党中央的大政方针，要关注映射中国当前重大问题，如社会主要矛盾转化、收入分配关系、新经济发展状况、就业失业问题以及当代中国对外经济关系问题的政策价值，并以此为基础，构建新时代中国特色社会主义政治经济学的完整体系。

十一、社会主义市场经济理论

中国特色社会主义市场经济体制，是在改革开放波澜壮阔伟大历史进程中探索形成和发展完善的时代产物，既是中国特色社会主义的重大理论创新和实践创新，也是社会主义基本经济制度的重要组成部分。进入新时代，中国特色社会主义市场经济飞速发展，与此同时也面临新的挑战和难题。在社会主义市场经济条件下，如何实现公有制和市场经济的有机统一并坚守社会主义的本色，如何科学处理政府和市场的复杂关系，以及如何加快完善和发展社会主义市场经济体制等问题，成为中国特色社会主义市场经济理论研究的重大课题。

习近平新时代中国特色社会主义经济思想在社会主义市场经济体制改革和理论完善上，在对社会主义初级阶段经济制度、经济体制和运行过程的总体探讨上，形成了一系列创新性理论成就，促进了社会主义市场经济理论的突破与发展。顾海良（2014）提出，习近平经济思想运用从"国民经济的事实"出发到"问题意识"，再从"问题意识"到"问题倒逼"的方法，从历史、现实与未来内在联系的视域上揭示了经济改革和发展理论的真谛。程恩富（2013）认为，党的十八大报告从产权、分配、调节和开放四个层面科学地界定了加快完善社会主义市场经济体制的方向和内涵。应结合中共十八大精神，依据不断变动中的国情和世情，对这四个层面或关键词做理论和现实的深刻阐述和创新。周泽红（2020）提出，党的十九届四中全会对社会主义基本经济制度做了新的概括，使基本经济制度形成了一个涵盖所有制、分配制度和经济运行制度在内的完整制度体系。王诚、李鑫（2014）对相关概念进行了澄清，即只要试图从研究理念上找寻"中国特色"，并秉承中华传统文化思想和社会主义思想，对中国经济运行机制提出具有国际视野的理论分析和概括，无论采用何种工具，分析何种问题，都可称为中国特色社会主义经济理论。李建平（2016）进一步总结了社会主义市场经济三个层次的规律：商品运动的规律、资本运动的规律和社会主义经济运动的规律。

公有制与市场经济能否有机统一的问题，是学术界研究的热点。简新华、余江（2016）认为，公有制企业包括国有企业通过转机改制、实行现代企业制度，能够适应市场经济的要求，从而公有制能够与市场经济相结合，市场经济并不是只能建立在私有制基础上。公有制企业的生产和交换也是商品的生产和交换，公有制经济也是商品经济或者市场经济。张宇（2016）提出，公有制与市场经济的对立统一关系，其根源于社会主义公有制的特殊性质以及由此导致的商品性与非商品性并存的二重属性，并表现在产权结构的直接社会性与局部性、计划与市场、等量劳动互换与等价交换、劳动力的主人地位与商品属性、市场经济与共同富裕等具体方面。王东京（2018）从学理层面重点分析了公有制与市场经济结合以及使市场在资源配置中起决定性作用、更好发挥政府作用的机理；同时从实践层面指明政府运用产业政策调节资源配置的约束条件以及政府在推动改革中顶层设计与地方试验的边界。

中国特色社会主义市场经济的健康发展，关键在于科学处理政府与市场的复杂关系。胡钧（2013）认为，十八大报告指明了当前完善社会主义市场经济体制的基本内容和根本目标。理论界"市场在资源配置上起根本性、主导作用，政府、计划的作用则是弥补市场缺陷"的认识没有弄清谁是矛盾的主要方面，谁是矛盾的次要方面，把政府与市场的地位和作用弄颠倒了。程恩富、孙秋鹏（2014）提出，要深刻认识和研究市场决定性作用，并更好地发挥国家作用之间的关系，发挥两者优势功能的互补性。既不能认为所有资源配置都由市场来决定，也不能理解为简单的政府放权，而是要在市场起一定决定性作用的同时，更好地让国家调节与市场调节结合。周文、包炜杰（2019）进一步强调，应当摆脱关于"社会主义市场经济是不是市场经济"的语词之争，进一步揭示和阐明社会主义市场经济的体制优势，即发挥"社会主义基本制度"和"市场经济"两个方面的优势，坚持政府与市场的辩证关系，避免西方话语陷阱。刘凤义（2020）认为，"大政府小市场"或者"小政府大市场"只是表面现象，政府和市场关系的实质其实是国家和市场的关系。国家性质、所有制性质决定了政府和市场关系的本质特征。陈云贤（2019）提出，中国特色社会主义市场经济是有为政府与有效市场相结合的经济。资源配置既要考虑"资源稀缺"，也要考虑"资源生成"。深圳即是一个典型示范。

新的历史条件下，如何对中国经济改革历史进程做出政治经济学分析，如何诠释中国抗击疫情所体现的社会主义基本经济制度的优越性，如何坚持和完善社会主义基本经济制度，是迫切需要回应的问题。刘伟、方敏（2016）认为，中国的经济改革是为了实现社会主义基本经济制度与市场经济有机结合，应始终坚持在所有制结构改革与市场机制培育的统一中推进体制转轨,在企业产权制度改革与市场价格制度改革的统一中构建社会主义市场经济的内在竞争机制,在改革的历史可行性与必要性的统一、增量改革与存量改革的统一中不断往前发展。钱智勇、刘思远(2020)提出,在抗击疫情中,中国特色社会主义基本经济制度的优越性越发彰显。公有制为主体、多种所有制经济共同发展彰显出的优越性是:财富生产以满足人民需要的使用价值为核心,而不以价值增殖为核心。按劳分配为主体、多种分配方式并存彰显出的优越性是:财富分配突破人民对使用价值需要的有支付能力的限制。社会主义市场经济体制彰显出的优越性是:生产要素资源配置的效率和公平并存。蒋永穆、卢洋(2020)强调,新时代坚持和完善社会主义基本经济制度,不仅是制度本身的问题,而且是制度体系建设的问题。杨志勇(2020)补充道,面向未来中国还应推行与高水平社会主义市场经济体制相适应的税制改革。

十二、习近平新时代中国特色社会主义经济思想

中国特色社会主义进入新时代,我国经济由高速增长转向高质量发展。推动高质量发展是保持经济持续健康发展、适应我国社会主要矛盾变化、在全面建成小康社会基础上全面建设社会主义现代化国家、遵循经济发展规律的必然要求。在此条件下,以习近平同志为核心的党中央研究和分析国内外经济形势,对经济发展大势做出科学判断,对经济工作做出正确决策,对发展思路做出及时调整,在实践中形成了以新发展理念为主要内容的习近平新时代中国特色社会主义经济思想。

习近平新时代中国特色社会主义经济思想蕴含深厚的理论和实践基础。韩保江(2018)认为,习近平新时代中国特色社会主义经济思想"形"于党的十八大前习近平从政全过程和七年知青岁月,"成"于党的十八大以来的中国特色社会主义经济发展新实践;充分继承了马克思主义政治经济学

的立场、观点和方法，以及毛泽东关于社会主义经济发展的思想和邓小平、江泽民、胡锦涛创立和发展的中国特色社会主义经济发展思想，同时注意吸收中国传统文化的营养和当代西方经济学中的有益成果。顾海良（2019）认为，习近平《不断开拓当代中国马克思主义政治经济学新境界》对马克思《导言》的思想赓续和理论创新，体现于马克思主义政治经济学对象社会性和历史性的坚守、马克思主义政治经济学中国"历史路标"的镌刻、从"结构"到"系统化的经济学说"的探索、"中国智慧"的思想特征和时代意蕴等四个方面，是推进中国特色社会主义政治经济学发展的方法论和理论上的"导言"。

习近平新时代中国特色社会主义经济思想有着丰富的理论内涵和完整的逻辑结构。张占斌、钱路波（2018）提出，习近平新时代中国特色社会主义经济思想是我国经济发展实践的理论结晶，其逻辑起点和时代坐标是中国特色社会主义发展进入新时代；其逻辑内核和理论依据是我国社会主要矛盾发生新变化；其逻辑统领和政治保障是坚持党对经济工作的集中统一领导；其逻辑指向和重要目标是全面建设社会主义现代化强国；其逻辑枢纽和主要内容是贯彻新发展理念、推动经济高质量发展；其逻辑重心和关键支撑是加快构建现代化经济体系；其逻辑主线和价值取向是在坚守"以人民为中心"的发展基础上实现共同富裕。韩保江、王佳宁（2018）总结道：习近平新时代中国特色社会主义经济思想的基本理论框架是一个"1+7"的理论结构。"一个新发展理念"和"七个坚持"的有机结合，辩证统一，共同构成一个逻辑严密、环环相扣、内容丰富的完整思想体系。张开、顾梦佳、王声啸（2018）从理论底色、本质特征、根本立场、主要内容、工作主线、思想方法六个维度探究了习近平新时代中国特色社会主义经济思想的丰富内涵。陆立军、王祖强（2018）阐明了习近平新时代中国特色社会主义经济思想的鲜明特征：其一，有明确的研究对象；其二，有崭新的时代主题；其三，有新的科学内涵和逻辑主线；其四，有新的学术话语体系；其五，有科学的研究方法和牢固的科学共同体。庄尚文、朱晨之、许成安（2019）提出，习近平新时代中国特色社会主义经济思想的整体性主要表现在三个方面：哲学观的整体性；发展目标的整体性；发展手段的整体性。周文、冯文韬（2019）提出，习近平新时代中国特色社会主义经济思想在理论体系建立根基和理念上存在三大显著特征：突破了西方主流经济学的经济增长理论；突破了西方主流经济学的三次产业划分；丰富和发展了社会主义市场经济理论。

习近平新时代中国特色社会主义经济思想对推动经济发展的具体实践有着指导意义。张雷声（2019）认为，供给侧结构性改革是习近平新时代中国特色社会主义经济思想的标识性概念，这一思想提出了供给侧结构性改革的实现路径。潘慧、滕明兰、赵嵘（2018）研究了习近平新时代中国特色社会主义精准扶贫理论，理论内容包括：坚持以人民为中心的新发展理念，形成"精准扶贫"的责任体系、工作体系、投入体系、政策体系等。这一理论为精准扶贫提供了方向指引和政策支持。蒋永穆、周宇晗（2015）将其扶贫工作有关思想归纳为七个方面：消除贫困是社会主义的本质要求；脱贫致富贵在立志；发展是摆脱贫困帽子的总办法；扶贫需要切实强化扶贫开发工作管理体制创新；扶贫攻坚成败之举在于精准；社会合力构建大扶贫格局；打好扶贫攻坚战，民族地区是主战场。王振坡、韩祁祺、王丽艳（2019）提出，习近平新时代中国特色社会主义经济思想对城乡融合发展具有指导作用：以要素融合为前提条件，以产业融合为关键之举，以空间融合为地理载体，以体制改革为基本保障，为探索城乡建设高质量发展理论提供理论指导和政策引领。朱鹏华、王天义（2020）总结道：改革开放以来，社会主义基本经济制度内涵从"一维"到"三维一体"的深化，民营经济与公有经济也经历了由"二元对立"到"二元并存"再到"二元融合"的演进过程。陈健（2018）构建了"以人民为中心"这一逻辑主线的实践路径：基于"以人民为中心"立场不断丰富和完善发展的体制机制、基本经济制度、我国现代化经济治理体系以及改革和完善共享共富的实践路径。黄晓凤、何剑、邓路（2018）认为，习近平新时代开放型经济思想的科学内涵是由相互支撑的新理念、新倡议、新格局、新机制、新目标这"五个新"构成的有机整体。石建勋、王盼盼（2018）总结道：党的十八大以来，以习近平同志为核心的党中央面对复杂多变的国内外经济与金融形势，破解了我国金融改革开放和发展中的一系列重大理论与实践问题，在实践中形成了以坚持加强党对金融工作的领导、金融服务实体经济、防控金融风险、深化金融改革等为主要内容的金融思想。

十三、政治经济学视野下的"生产力"研究

中国共产党始终代表中国先进社会生产力的发展要求，坚定不移地为中国先进社会生产力的解放和发展开辟道路。马克思主义生产力理论指导是先进生产力发展的先决条件。近年来，学术界围绕如何在新的社会历史条件下研究生产力，如何系统阐释生产力理论，如何使生产力理论更好地指导实践等重要命题展开了深入研究。

马克思主义生产力理论内涵丰富，学者们从多种维度予以阐释。马昀、卫兴华（2013）与赵华灵（2012）提出，要用唯物史观科学地把握生产力的历史作用，阐明生产力是人们生产物质资料的能力，构成生产力的诸要素既包括劳动力和生产资料，也包括管理、分工协作、科学、自然力等。程启智（2013）认为，传统的生产力理论是一维的要素生产力理论，而马克思的生产力理论实际上是由要素生产力和协作生产力构成的二维理论体系。徐海红（2018）提出，要从生产力的质与量的辩证关系来审视传统生产力发展的缺陷，把生产力的质的发展纳入生产力发展目标机制和评价机制，确立一种新的生产力发展观。包庆德（2020）提出，马克思的生态生产力思想表现为社会生产力对自然生产力的依存性；生态生产力是自然生

产力和社会生产力合力作用形成的现实生产力。鲁品越（2018）在马克思的劳动二重性基础上提出"生产力的四要素说"：第一要素是人力要素，第二要素是物力要素，第三要素是科学技术，第四要素是社会生产系统中各个层次的劳动过程之间的联系方式与组织管理方式。

中国特色社会主义生产力理论丰富和发展了马克思主义生产力理论。卫兴华、聂大海（2017）强调，中国特色社会主义政治经济学要从理论上研究怎样更好、更快地发展生产力，但不是研究技术层面的生产力，而是要研究社会层面的生产力。卫兴华、田超伟（2017）进一步提出，生产力二要素、三要素论均不符合马克思有关论述的原意和社会生产实践，要弄清马克思讲的生产力的"简单要素"和"新发展要素"。任暟（2013）提出，中国化马克思主义"环境生产力论"的提出，对我国的生产力发展方式提出了新要求，体现了当代中国先进生产力发展的生态文明取向，代表着一种低消耗、低污染、高效率、高质量的先进生产力形态。白暴力、王胜利（2017）认为，生态生产力要素论、生产力创新发展论、生产力发展时空因素论和社会生产力水平总体跃升论等内容的生产力理论，形成了系统的中国特色社会主义生产力理论。白暴力、王胜利（2018）进一步提出，新时代下生产力呈现出不平衡、不充分的发展与动态整体协调发展两者并存的特点，这一矛盾的辩证运动推动着社会经济的持续发展。任保平（2018）、华章琳（2015）和余锦龙（2013）等学者围绕绿色生产力，研究了改革开放40年来我国生产力理论的演进轨迹与创新历程，阐释了当代中国马克思主义生产力观以及所蕴含的生态经济思想。

党的十八大以来，以习近平同志为核心的党中央始终强调解放和发展社会生产力原则，形成全面系统的经济思想，进一步丰富和发展了马克思主义生产力理论。顾海良（2015）从话语体系角度说明了党的十八大以来习近平系列重要讲话中关于生产力理论中国话语的新探索，如"发展生产力""保护生产力""最大限度解放和激发科技作为第一生产力所蕴藏的巨大潜能"等，提升了生产力理论中国话语的意蕴。胡鞍钢、张巍、张新（2018）将中国特色社会主义生产力的基本特征定义为"一个中心、五大维度"的生产力体系：以人民为中心是全面发展生产力的出发点、立脚点和核心点；生产力的"五大维度"分别是经济生产力、科技生产力、社会生产力、文化生产力和生态生产力。白暴力、方凤玲（2017）认为，"五大发展理念"既是对马克思主义生产力理论的进一步具体化，又是对马克思主义生产力构成理论、生产力系统理论、自然生产力理论、生产力发展理论、生产力价值目标理论和生产关系一定要适合生产力状况规律的深化和拓展。董宇坤、白暴力（2017）认为，党的十八大以来，以习近平同志为核心的党中央发展了新的生产力布局理论：以马克思主义政治经济学为基础，以人民主体为主导思想，注重国内的互联互通、资源整合，积极拓展经济发展的国际视野，以两手合力为实现机制。任保平、李梦欣（2018）进一步总结了绿色生产力体系的四个构建维度：经济体系、社会体系、生态体系和科技创新体系维度。他们还总结了绿色生产力发展的三条路径：治理和修复生态环境、促进产业生产力的绿色化和增强绿色产品的供给能力。常庆欣、邬欣欣（2020）认为，习近平新时代中国特色社会主义经济思想从先进生产力发展要求的代表者、社会生产力发展的标准、社会生产力发展的战略思路三大方面丰富和发展了社会生产力理论。最后，汪洪涛、宋朝阳（2020）补充道，习近平"要走组织化的农村市场化发展路子"的构想，确立了实践形态的中国特色社会主义农村发展的科学道路，丰富和发展了马克思主义生产社会化理论，为新时代中国特色社会主义道路提供了生产力层面的理论支撑。

十四、政治经济学视野下的"生产方式"研究

马克思主义经典作家高度重视生产方式的理论研究，通过系统分析社

会经济形态及其演进过程，建立了生产方式研究的科学范式，为揭示人类社会形态存在和演进的决定力量打开了突破口。长期以来，学术界关于生产方式的理论争鸣赓续不断，形成了一系列理论成果，并深刻影响了中国特色社会主义政治经济学的建构和发展。

生产方式作为马克思主义政治经济学的核心范畴，有着极其丰富和深刻的内涵，对理解生产力与生产关系的辩证关系起着至关重要的作用。高峰（2012）提出，"生产方式"在马克思那里最主要的用法有两种：广义上指生产的社会类型或形式，狭义上指生产的劳动方式。马克思的着眼点不在劳动过程的技术方面，而在劳动过程的社会组织，力图揭示雇佣劳动者的劳动方式是如何在资本的控制下不断演变，使劳动从对资本的形式上的从属逐渐发展到对资本的实际上的从属的。吴宣恭（2013）认为，生产方式最大量出现的含义之一是生产关系，即包括生产、交换、分配、消费关系的广义生产关系，或者是马克思所说的"生产关系总和""社会生产关系""经济关系"，而不是仅在生产领域中发生的，与交换、分配关系并列的狭义的生产关系。周绍东（2016）提出，马克思所指的生产方式具有两层含义：一是指劳动方式—生产方式（一般）；二是指生产的社会形式—生产方式（特殊）。前者被称为抽象层次的生产方式，后者被称为具体层次的社会形态。郭冠清（2020）通过系统考察《马克思恩格斯全集》历史考证版（MEGA2）提出，唯物史观的核心命题"生产力—生产方式—生产关系"贯串《德意志意识形态》手稿到《资本论》的始终。他认为生产方式是一个独立于生产力和生产关系之外的范畴。周绍东、李晶（2020）在与郭冠清的商榷中认为，生产方式是马克思主义政治经济学的核心范畴，生产力是生产方式的技术形式，生产关系是生产方式的社会形式，两者是生产方式这一矛盾统一体的两个不可分割的组成部分。按照"生产力—生产方式—生产关系"的顺序提炼原理的做法之所以是不合理的，就在于它把生产力、生产方式和生产关系人为地割裂开来，从而有可能陷入机械唯物主义的因果决定论。周文（2020）提出，"生产方式"是一个整体性与有机性兼具的范畴，是理解生产力与生产关系辩证统一原理的关键，是历史唯物主义哲学精髓在现实政治经济学考察中的重要化身。于金富（2015）总结了传统社会主义经济理论忽视或曲解马克思主义政治经济学的三种表现。

在新科技革命和数字化转型背景下，人与技术关系发生重大变革，社会生产方式趋向智能化。刘伟杰、周绍东（2020）认为，新科技革命背景下，资本主义生产方式无论是在物质属性上还是在社会属性上，都发生了巨大变化，对人与技术关系演进产生深远影响，也为我们考察主体性缺失问题提供了新的情景。通过把人与技术的互动机制划分为特殊性逻辑和一般性逻辑，可以更加辩证地理解人的主体性缺失问题。都超飞、袁健红（2020）提出，在生产劳动领域，智能革命推动形成了智能化的生产方式：一是智能化生产和决策成为物质产品生产的主要方式，产生了诸如智能工厂等物质生产组织形式；二是非物质劳动成为主要的劳动方式，主要指生产智力、语言等方面的劳动和情感劳动等非物质产品的劳动；三是智能产业成为当下和未来起决定性的产业，主要包括人工智能及其相关领域的产业和服务业。刘方喜（2018）提出，在工艺范式上，"机器体系+动能"代表着向更先进生产方式、更发达生产力的"物联网+人工智能"生产体系的转换，在社会范式上必将引发人类物质生产方式从资本主义范式向社会主义范式转换。在基本范式的竞争上，世界天平已开始向社会主义倾斜。马名杰、戴建军、熊鸿儒（2019）认为，新的关键生产要素及其新的组合引发了生产方式的重大调整。从研发、制造到投资、贸易，从产业分工到产业组织形态，新的关键生产要素及其技术体系的大规模应用引发了系统性重构，即生产方式的深刻变革。张建云（2016）强调，互联网对人类物质生产方式的变革最为根本的，就是实现了消费主导的生产与消费的一体化。

此外，互联网技术的发展对农业生产方式的影响也尤为深远。周绍东

(2016) 提出，"互联网+农业"代表着新的生产方式和生产力形态，改变了农业生产中劳动者与生产资料的结合方式，不仅有助于解决农业企业化经营模式中资本监督劳动的问题，也有助于提高农业家庭经营模式中的规模经济效应，还可以通过产品创新和社会分工广化来弥补农业生产过程难以实现流程专业化和纵向分工的缺陷。张建云（2016）提出，互联网时代，建立在信息数据化基础上的信息的广泛流动、全民共享和便捷使用，使信息成为新的资源，从根本上改变了传统工业化农业的生产方式，农业正在实现消费主导的生产与消费的一体化，回归其以人为本的生产本质。王贻术（2014）认为，20世纪以来，世界农业并未朝着马克思所预测的"地主—资产阶级—农业雇佣工人"的资本主义农业生产方式演进，相反，农业家庭生产经营方式得到了进一步的发展和巩固，但不能以此来否定马克思农业生产方式理论的科学性。文东升（2014）将马克思主义小农改造理论的中国化进程及其理论成果概括为"合作化""市场化""产业化"，三者在时间上前后继起，共同展现了我国小农生产方式社会化理论的与实践的特色演变；三者在空间上互生共存、传承与发展，共同展现了我国小农生产方式社会化理论的基本内涵。

十五、政治经济学视野下的"生产关系"研究

政治经济学自诞生以来，探讨的主题就是国民财富的生产与分配规律，特别是在其中具有决定性作用的经济制度和生产关系。中国特色社会主义政治经济学既要重视生产力的发展，也要高度重视生产关系的调整。如果说"以经济建设为中心"主要体现的是发展生产力的需求，那么"以人民为中心"的新发展理念则更加强调了生产关系的完善，更加强调生产力与生产关系的有机统一。

如何全面系统地研究生产关系，赋予其新的时代内涵，是学界长期争

鸣的热点问题。卫兴华（2012）提出，既要区分广义的生产关系（生产、分配、交换、消费四方面的关系）和狭义的生产关系（主要是直接生产过程中的关系），也应研究作为资本主义历史条件和前提的资本原始积累的关系，特别是作为生产关系基础的生产资料所有制关系和生产资料与劳动力相结合的经济关系。周新城（2017）强调，生产关系是一个有多层次内容的系统，应全面地研究：既要重视反映社会经济形态本质的人与人之间的社会经济关系，也要重视具体组织经济关系；既要研究决定社会制度本质的经济关系，也要研究具体的经济运行过程中发生的经济关系；既要研究基本制度，也要研究具体的经济体制、运行机制。赵家祥（2011）认为，马克思的《1844年经济学哲学手稿》虽然尚未提出生产关系概念，但已在其核心思想异化劳动理论中蕴含了生产关系的内容及其本质的思想，马克思、恩格斯合写的《神圣家族》延续并深化了《1844年经济学哲学手稿》中的生产关系思想。程启智（2013）提出，马克思的生产关系理论实际上是一个由所有制和依赖关系构成的二维理论体系。二维生产关系理论在马克思的早期论著中就有思想雏形，但是在他与恩格斯合写的《德意志意识形态》中才正式形成，最后是在《1857—1858年经济学手稿》中得以完善。鲁品越（2018）在扬弃以苏联教科书为代表的传统生产关系概念和重新考察《资本论》的基础上，提出"劳动价值关系""经济权力关系"和"经济利益关系"的生产关系"三层级说"。马文保、刘曦（2020）提出，生产关系包括劳动者（中观）之间（管理者之间、被管理者之间、管理者与被管理者之间）、所有者之间（所有者若不是一个）、劳动者（中观）与所有者之间在现实的生产活动中的分工协作和劳动交换以及按比例配置关系、分配关系、交换关系和消费关系。许光伟（2016）认为，用财产关系作为生产关系的"定义域"，有利于整体看待统一生长过程的"阶段"和"环节"，把握住母子相扣的继承发展关系。

建立以人民为中心的社会生产关系是中国特色社会主义政治经济学的

核心要义。卫兴华（2016）认为，习总书记提出了新发展理念和以人民为中心的共享理念，又在哲学社会科学工作座谈会上提出了以马克思主义为指导发展中国特色哲学社会科学的纲领性指导意见，事实上提出了社会主义生产关系和上层建筑的价值判断标准。孙新建（2017）提出，构建以人民为中心的生产关系重点是要建立与以人民为中心的经济发展相适应的社会生产关系基础体系，明确劳动者地位及相互间的关系，优化产品分配和解决好劳动就业、收入分配、社会保障、生态文明等问题。巫文强（2017）强调，只有建立以人民为中心的生产关系，国家才能够真正主导社会生产和分配活动，实现让人的生存和发展得到好的保障的生产目的，使人民的利益得到切实的保护，以劳动群众为主体社会成员的人民的生存和发展才有可靠的保障。王琳、马艳、张思扬（2018）提出，我国生产关系演变的理论机理主要包括三部分："生产力与生产关系的动态适应"是我国生产关系演变的逻辑主线；"以人民为中心"是我国生产关系演变的内在轴心；"政府控制力"是我国生产关系演变的宏观保障。

生产关系是理解全面深化改革的关键。白暴力、王胜利（2018）认为，我国仍处于社会主义初级阶段，生产关系仍存在不平衡不协调问题，因此，需要全面深化改革，在解决生产关系不协调、不平衡的矛盾运动中构建系统完备、科学规范的新时代中国特色社会主义生产关系。方敏（2016）提出，从中国特色社会主义政治经济学的角度看，改革以解放和发展社会生产力为出发点和检验标准，因此，改革必然具有供给侧改革的性质，而生产关系调整是经济改革的决定性因素，要从生产关系的角度认识供给侧结构性改革，把生产关系调整作为推进供给侧结构性改革的决定性因素。宋笑敏（2019）强调，当前推进国有企业混改，要明确"具有明显公有性"的混合所有制经济本质上是对公有制生产关系的坚持和发展，"具有明显公有性"的混合所有制经济中人与人的关系应以"平等互助合作"为标准，分配领域应坚持"按劳分配为主体，多种分配方式相结合"的基本制度。

刘灿（2016）认为，以公有制为主体、多种所有制共同发展是社会主义初级阶段最基础的生产关系。对转型期利益结构失衡的政治经济学分析，可以集中到生产关系层面的三大关系上：资本权利与劳动权利的关系，政府与公民的关系，公共利益与私人利益的关系。在这些关系上体现出来的我国转型期收入分配关系及其利益结构演变，其背后的核心逻辑是生产关系。

新科技革命引发了生产关系的深刻变革。刘方喜（2017）提出，与由"使用权"而"劳动者的个人所有制"的"所有制"建构进程相对应，由"区块链"而"交往形式本身的生产"体现的是物联网时代社会主义全民共建共享"生产关系"全面、渐进建构的进程。李昊匡、张伊娜、刘亮（2020）认为，技术创新引领着生产关系的重大变革，在前后四次产业革命的更迭演进过程中，技术创新改变了工人、机器相互之间的分工协作模式，使得生产组织形式在不同任务、需求和目标内不断转化，市场竞争格局下的大型企业与小型企业间的相互关系也不断改变。郭明飞、陈继伟（2020）从系统论视角提出：生产关系是以持续占有生产要素为目的的经济利益关系。生产力与生产关系相互关系的实现机制是以生产要素为中心的生产力循环与生产关系循环的交叉催化过程，在此基础上推动人类社会向更高层级的超循环发展。

十六、劳动价值论相关问题研究

马克思主义劳动价值论是马克思主义政治经济学的基础理论，扬弃了古典政治经济学的价值论，深刻阐释了商品经济的本质和运行规律，奠定了马克思主义政治经济学的理论基石。马克思主义劳动价值论不仅在人类经济学说史上具有不朽的理论价值和历史地位，而且对中国特色社会主义政治经济学发展也具有重要的指导意义。

建构中国特色社会主义政治经济学，必须坚持马克思主义劳动价值论。

卫兴华（2012）强调，不应固守只有物质生产劳动创造价值的理论观点，而应主张坚持和发展劳动价值论，如商业劳动和某些精神生产劳动可以创造价值；不应该区分资本主义社会和社会主义社会的劳动与劳动价值论，劳动价值论是统一的。刘伟（2017）提出，政治经济学必须讨论价值理论并使之成为全部理论的基石，特别是马克思在批判继承古典经济学基础上创造的劳动价值论。要坚持马克思主义彻底否定私有制及与私有制相联系的商品生产关系的历史观，实现对产业革命的历史回应。高林远（2019）认为，"劳动创造价值"是从劳动人民立场出发来认识和研究资本主义生产方式的理论学说，不能试图将各种非劳动因素视为价值创造源泉，也不能离开马克思劳动价值论的内在逻辑来任意扩展"劳动"的概念。尹敬东、周绍东（2015）提出，需求分析在以劳动价值论为基础的资源配置理论中占有重要地位。孟捷（2015）进一步提出，应从整体上讨论剩余价值论，需要同时兼顾决定剩余价值率的阶级斗争理论和投资理论。

不少学者选择重新回到文本语境中进行探究。郭冠清（2015）以《马克思恩格斯全集》历史考证版（MEGA2）提供的文本文献为基础，提出劳动价值论不仅包含着对价格背后的原因的本质解释，而且还建立了一个通向分配正义的评价体系。冯茜（2018）在梳理文献的基础上提出，当前劳动价值论研究存疑颇多，如哪些劳动可以创造价值，财富和价值是否仅仅由工人的生产劳动创造，新的历史时代马克思劳动价值理论能否解释当下现实的经济问题等。孙乐强（2017）和白刚（2018）都认为，马克思的劳动价值论是对古典经济学和黑格尔劳动哲学的双重扬弃，建构了取代"资本政治经济学"和"精神现象学"而实现人之自由个性的"劳动政治经济学"。朱哲（2019）认为，在人与人的社会关系上，马克思关于劳动创造价值所揭示的人与人之间的关系，以及对劳动产品的均衡分配诉求，正是对人类劳动主体性的尊重和肯定，对当今中国坚持以人为本、发展和谐的劳动关系具有重要指导作用。乔晓楠、何自力（2017）强调，马克思主义政治经济学并不排斥数学方法，但是应在坚持劳动价值论的基础上，构建一种包含工人与资本家两种行为主体，区分生产资料与消费资料两大部类，并且纳入剥削关系与迂回生产特点的动态模型。

社会总劳动的分配和价值量的决定，价值规律、供求关系和市场机制，劳动价值论的现实意义等问题，也是学界研究的热点。冯金华（2013）在假定等价交换以及一国经济的价值总量等于劳动总量的基础上，推导出决定单位商品价值量的具体表达式，以此说明在单位商品价值量的决定中，两种含义的社会必要劳动时间所起的作用都不可或缺，但又有所不同。冯金华（2020）进一步提出，在其他情况不变的假定条件下，根据等价交换和劳动价值论，可以推导出任意一种商品的市场需求曲线；根据等价交换、劳动价值论和生产均衡条件，可以推导出任意一种商品的市场供给曲线，从而说明，供求关系以及市场的竞争机制，都是以价值规律为基础的，无论是局部均衡价格还是一般均衡价格都是相应的价值的表现形式。柳欣（2013）认为，马克思经济学所关注的正是现实经济中由货币和国民收入核算统计变量所表示的资本主义竞争与收入分配的社会关系，而主流经济学基于生产函数的技术分析和对现实问题的解释完全是错误的。金碚（2016）从马克思主义劳动价值论的逻辑基点出发，具体讨论了六个现实问题：GDP核算的是什么；如何认识产业结构及其演变趋势；企业追求什么目标；是什么捆住了人才的手脚；管理是否应以"省钱"为目标；究竟是什么决定着劳动报酬标准。

人工智能时代的到来为劳动价值论的发展注入了新的理论血液。白永秀、刘盼（2020）认为，智能化因素渗透在生产力各要素中并带来人机关系的变化，使劳动创造价值的过程呈现出新的特点。人的劳动表现为智力劳动力提供的富有创造性的智能劳动，劳动资料因基于大数据的应用而具有智能化、系统化、无形化的特征，劳动对象更具可开发性、可拓展性、可培育性。何玉长、宗素娟（2017）提出，智能劳动的价值创造和构成具有特殊性：智能劳动价值包含智能技术转化和协作增值的价值；智能劳动价值中的资本构成提高；智能劳动价值创造离不开简单劳动的辅助。薛峰、何云峰（2019）从劳动过程三要素诠释了人工智能时代下的"智能劳动"。胡斌、何云峰（2019）提出了不一样的观点，他们认为弱人工智能应被视为介于人与物之间的特殊劳动者，这样才能解释弱人工智能时代的价值创造问题。刘伟兵（2020）最后强调，智能化生产方式并没有动摇马克思的劳动价值理论，因为智能机器作为对象化劳动，只是转移了自身的价值到商品，并没有创造价值。而人的直接劳动虽然被取代，但却是以间接劳动的方式作用于劳动对象。因此，创造价值的依旧是人的活劳动。而智能化生产方式之所以能够生产更多的价值量，是因为它是一种复杂劳动并且能够提高劳动生产率。

十七、唯物史观与政治经济学

唯物史观是马克思主义政治经济学的哲学前提，马克思主义政治经济学是唯物史观在社会经济生活中的理论化身，二者交相辉映，相得益彰。作为马克思主义政治经济学中国化和时代化的理论成果，中国特色社会主义政治经济学同样应具有深刻的唯物史观意蕴。

寻根溯源，研究"唯物史观"的概念内涵、理论逻辑和发展历程是近年来学界的热门话题。张奎良（2012）强调，对唯物史观和历史唯物主义这两个概念进行区分和界定十分必要：唯物史观是全人类的共同财富，而历史唯物主义是无产阶级的意识形态，二者的外延、研究对象、研究路径均有所不同，关于唯物史观与历史唯物主义的适用范围和常用概念也有各自的特点。曹典顺（2016）提出，政治经济学与唯物史观的内在关联，学界存在三种不同的学理分析：一种是按照唯物史观形成的逻辑探讨，另一种是按照政治经济学介入唯物史观的过程探索，再一种是按照问题意识进行诠释。曹典顺（2019）进一步提出，唯物史观研究本质上是一个基于哲学性质散开的动态性研究，呈现出三种研究范式：哲学批判，政治经济学批判和人类学的研究范式。郝继松（2019）提出，古典政治经济学构成唯物史观与经济决定论共同的理论基础和逻辑起点，因而也为我们区分唯物史观与经济决定论本质差异提供了重要理论视域。董彪（2013）提出，重建唯物史观就是要从价值论角度进一步拓展和深化对实践概念的理解，建立实践—价值理性，从文化价值哲学的角度重新理解传统唯物史观的原理框架，形成新的辩证时空结构，推动唯物史观理论范式的深层转换。田鹏颖、姜耀东（2019），张有奎、林雅玲（2020）和梅荣政（2013）等学者都强调了恩格斯对唯物史观创立、捍卫、深化和传播的重要作用，前两位学者系统考察了恩格斯晚年关于唯物史观的五封书信，后三位学者具体总结了恩格斯对唯物史观的独特贡献与历史作用。

《资本论》既是马克思主义政治经济学的不朽著作，也是研究唯物史观的重要文本。张雷声（2013）以《资本论》及其创作过程为例提出，唯物史观与剩余价值理论的结合是我们理解马克思主义理论整体性的一个重要视角。董良杰（2012）强调，唯物史观与剩余价值理论在历史演进和逻辑推演上是统一的，这种双重统一是历史与逻辑相统一的证明，应从理论的历时性和共时性角度探讨唯物史观与剩余价值理论的关系。张雷声（2017）进一步提出，唯物史观及其运用的原则即客观性、实践性、历史性是在马克思为《资本论》创作所做的研究准备过程中逐步形成和发展起来的。《资本论》关于唯物史观的运用，为中国特色社会主义经济学的理论研究和体系建构融入唯物史观奠定了科学的基础。白刚（2017）提出，作为"政治经济学批判"，《资本论》揭示了唯物史观所"唯"之"物"不再是旧唯物主义抽象的"自在之物"，而是具体的商品、货币和资本等"可感觉而又超感觉"的物及其背后所掩盖的人与人之间的社会关系。赵磊（2020）提出，唯物辩证法和唯物史观的实证性质是嵌入在逻辑起点、理论内核以及认识过程之中的。唯物辩证的"抽象力"是政治经济学实现马克思主义方法论实证性质的具体路径。《资本论》既是马克思运用唯物辩证法和唯物史观揭示资本主义经济发生、发展内在规律的结果，同时也是马克思通过资本主义的宏观样本数据对唯物史观进行实证检验的过程。许光伟（2020）提出，通过对科学史和《资本论》的综合考察，可将马克思"我的方法的唯物主义基础"总述为四个工作环节：物质/意识、物质/行动、自然过程/历史过程、社会存在/社会意识。王维平、张起梁（2020）认为，唯有从经济学—哲学批判内在统一的理论视角，才能阐明《资本论》及其手稿对唯物史观的深化，从而揭示、挖掘和把握政治经济学批判语境中唯物史观的新的存在方式和新的发展，并为推进唯物史观的再认识提供理论依据。

如何使唯物史观与中国特色社会主义政治经济学相契合，促进中国特色社会主义政治经济学的创新发展，并服务于社会主义现代化建设，是当代唯物史观研究的重要命题。王立胜（2019）提出，构建中国特色的社会主义市场经济理论，需要科学理解唯物史观，准确把握经济与政治的辩证关系。围绕唯物史观中经济与政治的关系，理论界曾发生过三场争论，社会主义革命和建设实践对这些争论做出了历史检验。王伟光（2016）认为，马克思的两个伟大发现构筑了马克思主义全部理论的坚实基础，坚持这一点对当今发展仍然具有重要的现实意义。赵磊（2019）认为，在实践唯物主义强调"主观能动性"的语境下，学界对唯物史观的"唯物"性质产生了越来越大的分歧。他围绕如何理解唯物史观的"唯物"性质，讨论了与此相关的五个核心问题。胡磊、赵学清（2018）提出，政治经济学的创新发展需要坚持唯物史观和唯物辩证法相结合的根本方法，也要发展具体方法，合理借鉴现代西方经济学的研究方法。乔晓楠、何自力（2017）进一步提出，马克思主义政治经济学并不排斥数学方法，应在坚持劳动价值论的基础上，构建一种包含工人与资本家两种行为主体，区分生产资料与消费资料两大部类，并且纳入剥削关系与迂回生产特点的动态模型可能是一种可行的建模思路。何干强（2020）强调，维护和坚持我国国家制度和国家治理体系具有的"显著优势"，应在经济研究和实践中确立唯一科学的唯物史观指导思想。唯物史观基本原理和唯物史观经济学原理是一般与特殊的关系。后者主要体现在两个基本方面：经济发展方面，揭示出经济的社会形态的发展是一种自然史的过程；经济运行方面，揭示出社会经济运动的生产、分配、交换、消费基本环节之间存在辩证关系。

十八、《资本论》及其手稿研究

《资本论》是马克思主义政治经济学的不朽巨著。在这本著作中，马克思运用历史唯物主义原理，深入剖析了资本主义经济形态，深刻揭示了资本主义经济的运行规律及其历史发展趋势，为实现全人类的自由和解放指明了方向。在新的时代背景下，要把中国特色社会主义政治经济学研究推向更高的层次，《资本论》是所有学者必须不断攀登的"思想高峰"。《马克思恩格斯全集》历史考证版（MEGA2）第二部分"《资本论》及其手稿卷"的出齐以及《马克思恩格斯文集》10卷本的问世，为学界提供了更为权威而完整的文献资料，也为重新解读《资本论》创造了更大的可能性空间。

学界始终重视对《资本论》及其手稿的全面考察和深入研究。顾海良（2017）全面考察《资本论》手稿《第六章直接生产过程的结果》后提出，该手稿对商品范畴以资本主义经济关系的存在和发展为基础的问题做了论述，在历史逻辑上确定了商品范畴作为《资本论》始基范畴的内在必然性。手稿从"抽象上升到具体的方法"上，对商品范畴从"元素"到"结果"的理论逻辑做了整体阐释。卢江（2020）提出，《资本论》及相关手稿用了大量篇幅论述资本主义生产方式中的技术问题，特别是在唯物史观的指导下，马克思从物质内容和社会形式两个方面对技术范畴进行了二重性批判，不仅指出了技术对于商品生产积极性与消极性的统一，同时详细揭示了技术发展表面上有利于劳动力的自由解放，实则不利于劳动力再生产的矛盾作用。王庆丰（2013）提出，马克思的《资本论》突破了古典政治经济学不可逾越的界限——阶级关系，将单纯的经济学上升到存在论范畴，揭示了物掩盖下的人与人之间的剥削关系，破解了资本和存在的秘密。卜祥记（2020）认为，要立足于唯物史观以确立马克思哲学与《资本论》的内在性关联，必须明确唯物史观的《资本论》指向，即唯物史观是从黑格尔哲学体系中挣脱出来的伟大成果，是服务并从属于《资本论》研究课题的理论创立，真正的唯物史观就存在于《资本论》中，这是《资本论》的唯物史观理论定向。贾丽民（2013）提出，马克思《资本论》呈现了反思思维、真理思维和超验思维的综合运用，并表现出一种经由反思达致真理的思维方式特质。依循反思路线，旨在超越表象思维和直觉思维。哲学的思维方式——反思本质上是一种真理性思维。付文军（2019）认为，《资本论》及其手稿中，马克思善用黑格尔方法的"合理内核"而完成了对"此在世界"的深刻省思与全面考量，继而确证了"彼岸世界"的美妙景象。《资本论》既是一部资本主义理解史和批判史，也是一部展示资本主义"自我否定"规律的"逻辑学"。张雷声（2020）和许光伟（2020）都强调了恩格斯对马克思《资本论》的理论贡献，提出恩格斯不仅在马克思创立唯物辩证法的过程中，与马克思共同完成了唯物辩证法在经济学领域的运用，而且在马克思逝世后对唯物辩证法做出了系统化和完善化的研究。

《资本论》的时代性创新性研究对构建中国特色社会主义政治经济学至关重要。邱海平（2020）认为，习近平总书记指出的"坚持和发展中国特色社会主义政治经济学，要以马克思主义政治经济学为指导"的重要论断，是构建作为"系统化的经济学说"的中国特色社会主义政治经济学理论体系的重大方法论原则。切实贯彻这一原则，需要明确坚持和继承、创造性转化、创新性发展马克思经济学特别是《资本论》的理论成果。张雷声（2020）提出，《资本论》阐述的所有制理论对我国现阶段社会主义事业具有重要的指导意义，她据此总结了十个主要方面的内容。沈斐（2013）强调，"资本内在否定性"作为辩证法在《资本论》中的具体体现，时至今日依旧是政治经济学的重要方法论。它以理论与现实的双重犹判为目的、以特定的资本积累结构为研究对象、以中间层次的研究为分析方法，为世界经济提供一种演化论认识，为政治经济学理论创新奠定方法论基础。王南湜（2018）认为，广松涉对《资本论》的物象化论解读颇具独创性，他对《资本论》最主要的是从哲学层面，特别是从哲学方法论层面说明了马克思如何"从认识上同时批判了对象和主体"。赵家祥（2013）从三大社会形态理论提出的逻辑考察、人的依赖性社会的特点及其解体过程、物的依赖性社会的实质及其拜物教性质、物的依赖性社会为个人全面发展的社会创造条件、个人全面发展的社会的特点及从必然王国向自由王国的飞跃五个方面，考察了三大社会形态理论的特点和实质。肖峰（2019）提出，马克思在《资本论》及其手稿中对作为生产资料的机器进行了精辟的分析，形成了独特而深刻的机器观，其中最重要的是对机器的资本主义应用的批判。要从《资本论》所揭示的机器的资本主义应用所造成的工人失业和劳动异化来思考如何应对人工智能应用潜在的负面效应，即看到从制度层面上解决人工智能应用所带来的问题的重要性。赵峰、李彬（2018）以《资本论》中关于社会总资本再生产的原理为指导，分析了改革开放以来中国宏观经济运行机制及趋势，初步建立了以社会积累为核心的分析框架，对宏观经济运行的基本原理、决定因素进行了具体探讨，分析了我国经济增长的主要动力。林密（2020）提出，在《资本论》中，马克思告别早期泛分工论视域下的城乡对立观，从产业分工、劳动力空间流动、社会关系与社会基础服务体系的不平衡发展问题等视域，迈向了一种以生产方式同质化运动为基础的城乡不平衡发展观。

十九、政治经济学学科体系、学术体系和话语体系

党的十八大以来，习近平总书记提出了坚持和发展中国特色社会主义政治经济学、不断完善中国特色社会主义政治经济学理论体系的重大历史任务。新时代面临新形势、新任务、新问题，迫切需要中国特色社会主义政治经济学破解构建理论体系面临的学术难题，实现中国特色社会主义经济建设经验的理论化，不断建立和完善社会主义初级阶段不同历史时期的政治经济学学科体系、学术体系和话语体系。

对三大体系的研究应适应中国国内社会变化和西方资本主义经济衰落的现实。周文（2016）分析了发展中国经济学话语体系的现实背景：中国崛起与西方中心论的神话破灭成为构建中国经济学话语体系的前提；中国已具备构建经济学话语体系的现实基础和能力；构建中国经济学话语体系是系统化总结中国发展经验的内在理论诉求；中国发展经验是构成中国经济学话语体系的基本内核。包炜杰（2018）提出，中国经济在新常态下仍然保持了持续稳定增长，面对西方抛出的"修昔底德陷阱""中等收入陷阱"以及"金德伯格陷阱"等命题，原创出一套立足于中国国情和经济实践的中国特色社会主义政治经济学话语体系具有重大意义。邓金钱、何爱平（2019）认为，话语权代表了一个国家的国际地位和国际感召力，是当今世界国家软实力的重要组成部分。基于话语体系的重要地位，不管是对新时代中国经济社会发展还是对科学文化建设，构建具有中国特色和印记的话语体系都具有重要的理论和实践意义。

研究三大体系，要遵循一定的原则，坚持一定的方法。余斌（2018）分析道，对中国特色社会主义政治经济学学科体系的研究和建设要采用从政治经济学一般，到社会主义政治经济学一般，然后再到中国特色社会主义政治经济学特殊的由抽象到具体、由一般到特殊的方法。邓金钱、何爱

平（2019）提出，构建新时代中国特色社会主义政治经济学体系，要坚持马克思主义政治经济学的根本指导原则、坚持以人为本的价值取向原则、坚持发扬优秀传统文化的文化传承原则；要遵循学科发展规律，推进经济学理论的中国创新，逐步提升政治经济学的中国话语权。

在学科体系建设方面，学科体系是学术体系、话语体系的基础。白永秀、吴丰华、王泽润（2016）针对当前我国政治经济学研究存在的学科队伍、学科建设、人才培养等方面的问题，提出了创新政治经济学学术研究、高标准建设政治经济学队伍、打造政治经济学阵地和平台、提升政治经济学人才培养水平等措施。逄锦聚（2016）在巩固中国特色社会主义政治经济学地位、处理中国特色社会主义政治经济学与经济学其他学科关系、课程体系和教学内容改革、队伍建设、评估制度等方面提出了构建经济学学科体系、课程体系和教材体系的建议。刘明远、李彬（2019）认为我国当前社会主义政治经济学原理体系的构建逐渐被现实经济政策的解读论证所取代，主要原因是社会主义政治经济学原理与解读论证现实经济政策策略之间一直处于混淆的状态。由此构建中国特色社会主义政治经济学理论体系的前提应当是划清"基本原理"与"现实经济政策研究"之间的界限，给予"基本原理"以本来应有的定位。

在学术体系建设方面，学界主张整合现有理论观点，建设具有主体性、原创性的完整的学术体系。刘儒、呼慧、李超阳（2016）认为，当代中国经济学虽然在体制改革、经济发展和共享社会建设等诸多方面提出了一系列重要理论、观点和学说，但是这些理论、观点和学说还是显得非常零碎，没有形成一个体系完整、并能令人信服的阐述中国经济奇迹的中国特色社会主义政治经济学理论框架和学术体系。

在话语体系建设方面，要求构建既具有自身鲜明特征又能经得住更广泛实践检验的话语体系，提升我国在国际社会的经济学话语权。周文（2016）提出，中国经济学话语体系要克服过度数学化和经验碎片化，注重融入中国传统文化，发展具有中国特色、中国风格、中国气派的经济学话语体系。洪银兴（2016）提出，中国特色社会主义政治经济学话语体系要以《资本论》提供的马克思主义经济学范式为基础。其中包括《资本论》中建立的系统的经济学范畴，阐述的经济学基本原理，对未来社会的预见和规定。孟捷（2018）提出，中国特色社会主义政治经济学话语体系的建设和完善，要求实现政策—制度话语和学术—理论话语这两种话语类型的互动和彼此间的创造性转化。权衡（2018）认为，中国特色经济学话语体系必须具备经济理论建构、体现学科创新发展规律、指导新时代经济发展与改革开放实践要求、以人的解放和发展为目标、引导社会舆论、讲述中国经济故事和国际传播的价值功能，同时要处理好话语体系与中国经济发展实践经验、中国特色与国际化、学术概念的内容创新与形式手段之间的关系。周文、李超（2019）认为建立起具有中国特色的政治经济学话语体系的当务之急是科学清楚地界定出相关概念范畴，尤其是从西方引入、又与中国国情不合的经济学概念的内涵和外延，防止概念误用和混用问题。胡家勇（2016）提出了构建中国特色社会主义政治经济学话语体系的四个主要方面：植根于中国改革开放和经济发展的丰厚土壤，系统展示中国特色社会主义发展道路和发展经验，并上升到理论高度；系统提炼、归纳改革开放以来党的重要文献和经济学界提出的一系列重大理论创新，形成基本理论命题；形成基本的概念和理论假设；借鉴现代经济学中的科学成分。包炜杰（2018）从微观层面分析了构建中国特色社会主义政治经济学话语体系问题，认为这套话语体系需要契合中国广大民众丰富具体的日常实践，使之不断深化对于中国特色社会主义的道路自信、理论自信、制度自信和文化自信。

二十、政治经济学方法论研究

马克思主义政治经济学方法论为中国特色社会主义政治经济学方法论

探索指明了方向。唯物史观是马克思从事政治经济学研究的重要方法论基础，唯物辩证法是马克思从事政治经济学研究的基本方法论应用，马克思主要将实践认识论用于研究资本主义社会的政治经济学。研究的具体方法包括科学抽象法、从具体到抽象的研究方法和从抽象到具体的叙述方法、逻辑与历史相一致的方法、分析和综合相结合的方法、数量分析法等。

《资本论》是马克思主义政治经济学的经典著作，也最为成熟地体现了马克思主义政治经济学的方法论原则。邱海平（2018）总结了《资本论》所体现的政治经济学方法论对构建中国特色社会主义政治经济学的意义：唯物辩证法和唯物史观是马克思主义政治经济学的根本方法；抽象和抽象法是一切科学的共同方法和要求；科学认识中国特色社会主义经济的主要矛盾和矛盾的主要方面，始终把"中国特色社会主义经济"作为"普照的光"；科学认识研究过程与叙述过程、研究方法与叙述方法、从具体到抽象和从抽象到具体的辩证关系；在坚持以《资本论》和马克思主义政治经济学的方法论和方法为指导的前提下，必须创造性地运用这些方法论和方法。彭邦文、赵景峰（2020）提出，马克思的总体方法是马克思主义政治经济学体系构建的根本方法，是以"具体总体"与"思想总体"之间的关系为基本内涵，以研究方法与叙述方法的对立统一关系、历史与逻辑相一致的方法等为基本原则，并利用范畴的内在规定性、范畴联系的有序性、范畴运动的关联性与范畴转换的中介性等特征来构建能反映研究对象本质联系的范畴体系，最后上升至理论体系的元方法。许光伟（2019）提出，马克思在《资本论》的创作中提出的将研究方法与叙述方法相区别的方法论存在两种系统性表达，即形式表达和实质表达，这体现了"思维学与逻辑学的统一"。另外，许光伟（2018）提出，中国特色社会主义政治经济学方法论原则上可以构成"革命性＋本土性＋具象性"的品性结构；相应的，具有四种有机推进的理论品格，即继承发展品格、传承和创新品格、与时俱进品格及开放生成和兼容并蓄品格。

政治经济学的方法论研究历程是曲折的，在对马克思《资本论》体现的方法论进行延伸和发展的过程中，有成就也有错误，政治经济学方法论研究正是在犯错与纠错的过程中不断前进的。张晖明、任瑞敏（2020）认为斯大林对辩证唯物主义和历史唯物主义的"分工"格式化了经济学的方法论，导致经济理论研究被"格式化"框约，使丰富的实践演化进程不能随时代发展产生新的研究纲领，也不能内生出适合需要的更为具体的研究方法。黄久儒（2020）认为，卢卡奇在20世纪斯大林教科书体系影响的背景下将马克思主义带回了辩证法的道路，并尝试运用黑格尔的辩证法来分析《资本论》中"商品拜物教"的基本特性，力求揭示出资本主义商品经济结构下人和人之间的社会关系，即用物的关系遮蔽人和人的原初关系，并据此提出了"物化理论"和"总体性"原则。黄久儒还将《青年黑格尔》中的经济学方法论概括为两个要点："劳动目的"的双重设定和社会"再生产"的历史性。任瑞敏、张晖明（2018）认为，新时代已经来临，国内外经济形势出现许多新变化，加之我国经济发展存在的不平衡因素，要建构能够反映中国经济及体制转轨和发展模式转轨特点的政治经济学，势必需要在基本方法论上摆脱"苏联路向"的禁锢，方能为发育建设"系统性经济学说"开路，书写出具有中国特色的社会主义政治经济学。

此外，学界对政治经济学方法论的具体内容和基本原则研究也取得了许多成果。魏文江、韩保江（2018）分析了数学方法在经济学中的运用，认为在经济研究中，我们应该合理利用数学方法，也要辩证地看待数学的应用，既要避免过度数学化，也要摒弃唯数学应用为上的研究导向。颜鹏飞、王梦颖（2018）认为，把政治经济学方法主要归结为"从抽象上升到具体的方法"即侧重于构建经济学体系的叙述方法，是一种关注逻辑指向、忽视问题导向的流行观点。梁建洪（2014）认为，相对于西方经济学实证原则，马克思主义经济学研究遵循的实践原则是按照人的逻辑展开、始于现实和改变现实的。方法论实证原则研究的是"是什么"的问题，而实践原则研究的则是"可以是什么"的问题，后者具有"是什么""应该是什么"和"可能是什么"的三重内涵。蔡继明、靳卫萍（2016）认为，坚持中国特色社会主义政治经济学的重大原则，首先要坚持马克思主义政治经济学的方法论原则，其中包括科学抽象法、矛盾分析法、中介分析法、一般特殊个别的辩证法、历史唯物主义合力论、经济运行的生理学与经济发展的病理学、人类社会发展的最终目标和实现手段的选择、逻辑批判与逻辑一致性原则等，不断开拓当代中国马克思主义政治经济学新视野，构建起中国特色社会主义政治经济学体系，以指导中国的改革开放和经济发展。许光伟（2012）认为，马克思方法论的主旨在于打破资产阶级经济学的解释学循环工作图式，还原"历史"，解救"科学"。其规划的工作路线是历史——科学，工作模式是历史方法和数学方法的结合，实践模态是系统模型分析（方法）。

二十一、所有制理论研究

生产资料所有制改革是我国经济体制改革中的重大问题之一。随着中国进入新时代，经济发展已迈上新的征程，所有制理论研究必须结合习近平新时代中国特色社会主义经济思想不断调整和完善，以适应中国经济发展新时代的需要。近年来，学界对所有制理论的诸多问题进行了讨论，并结合许多新现象提出了新观点。

对所有制理论的回顾与梳理、对错误论调的批驳是政治经济学分析的基础和基本方法，也是理论结合时代现实的基础。白雪秋、余志利（2019）对《资本论》中私有制的批判总结道，《资本论》中的所有制理论系统而完整，揭示了人类社会发展的一般规律，对于完善社会主义初级阶段所有制结构具有重要的当代价值，依然是指导我们建设中国特色社会主义的理论基础。邱海平（2020）认为，党的十九届四中全会对社会主义基本经济制度的新表述对推进新时代中国特色社会主义经济持续健康发展和经济治理现代化具有重大意义。王中汝（2020）提出，无产阶级的解放与人的自由全面发展是马克思、恩格斯的所有制理论的灵魂。谢地（2015）根据马克思主义政治经济学原理和中国的实践，将公有制形式细分为存在形式、载体形式、实现形式三个层面。张雷声（2020）认为，研究马克思关于私有制批判思想的逻辑道路和发展进程，对我们正确理解和把握马克思主义所有制理论具有重要的学术价值和现实意义。包炜杰、周文（2019）提出，我国所有制理论研究纵向上呈现渐进式、阶段性特征，横向上围绕所有制问题的争论性领域和关键性议题初步形成了"一体三翼"的研究格局。彭五堂（2011）回顾了马克思所有制理论的形成过程，认为马克思转而研究政治经济学，为他最终创立历史唯物主义找到了正确的方向。郑吉伟、陈曦（2011）总结了列宁新经济政策时期的所有制理论：改变"纯而又纯"的公有制；加强对非公有制经济的监管，认为以往的历史经验对我们在建立和完善社会主义市场经济体制过程中坚持公有制为主体、多种所有制经济共同发展的基本经济制度具有重要的借鉴意义。苑鹏（2015）认为，合作制与最终实现生产资料全社会所有制具有内在的一致性，并不存在剥夺了个人所有权的合作社的集体所有制。刘凤义（2020）阐明了基本经济制度的三个方面：公有制为主体；多种所有制经济共同发展；社会主义市场经济体制。这三方面主要内容体现了社会主义初级阶段的基本经济制度是理论逻辑、历史逻辑和实践逻辑相统一的有机整体。简新华（2019）从所有制的内涵和特征、马克思主义政治经济学基本原理、中华人民共和国宪法等角度说明"所有制中性"论是不科学的模糊概念。周文、包炜杰（2019）对"所有制中性论"进行了批判，提出"所有制中性论"试图以抽象的价值中立混淆企业的所有制属性，是一个违背马克思主义政治经济学基本原理的伪命题，表面上抽象中立，实则仍然没有走出"国""民"二元对立论，是一种变相的"国退民进"论调。卫兴华（2014）批判了杜林、谢韬、辛子陵和王成稼对马克思"重建个人所有制"的乱解和错解，认为马克思重建个人所有制不是重建消费品的个人所有制，而是重建生产资料的个人所有制，并进行了论证。

新时代发展出现了许多新经济形态，要求所有制理论结合中国特色问题、时代问题，进行自我更新。靳来群、林金忠、丁诗诗（2015）基于异质性企业垄断竞争模型，提出所有制差异所致资源错配程度的测算模型，研究了所有制与资源错配之间的关系。石明明、张小军、阙光辉（2015）构建了涵盖政府、国有企业、民营企业三方参与的多阶段动态博弈模型，为我国未来规制制度设计、垄断行业市场化改革、竞争政策倡导等提供了一定的理论依据。孙宗伟（2015）分析了公有制的主体地位的含义，包括公有资产在总资产中占据优势地位和国有经济起主导作用两个方面，这两个方面既相互联系又相互区别；认为随着混合所有制经济成为基本经济制度的重要实现形式，国有经济的整体素质估计会进一步得到提升，但国有经济的生存空间将会进一步收缩，国有资本投资方向也会有结构性变化。张玉明、王越凤（2018）结合共享经济这一新经济形态，认为共享经济与马克思主义所有制的许多观点基本一致，是新经济情境下马克思主义所有制的融合、创新与发展。马连福、王丽丽、张琦（2015）研究了混合所有制改革对竞争类企业绩效的影响，研究结果发现，简单的股权混合并不能够改善公司的绩效表现，在完善的制度环境下，混合主体多样性才能体现出提升绩效的作用。方敏（2020）总结道，中国特色社会主义的所有制结构与我国社会主义初级阶段社会生产力水平相适应，鲜明地体现了中国特色社会主义生产方式的基本特征。杨春学（2017）在总结历史理论发展的基础上，认为中国理论家和实践者以非常巧妙的方式对所有制理论进行了创造性的发展。张宇（2016）讨论了公有制与市场经济之间的内在的一致性、兼容性和矛盾冲突，提出既要遵循市场经济的规律，又要体现公有制的要求；既要发挥市场经济的长处，又要彰显社会主义制度的优越性，这就是公有制与市场经济有机结合的实质,也是社会主义市场经济的精髓。周兴会、秦在东(2014)认为,我国确定公有制为主体、多种所有制经济共同发展的所有制结构,是由马克思主义关于生产力和生产关系的基本理论和中国处于社会主义初级阶段的基本国情决定的,具有客观的规律性。王晓丽(2013)认为发展壮大农村集体经济要因地因时制宜,不能照搬别国模式。

二十二、收入分配的政治经济学研究

收入分配问题是政治经济学关注的基本问题,也是中国特色社会主义理论和实践探索进程中的重要问题。在社会主义初级阶段,我国实施的是以按劳分配为主体、多种分配方式并存的收入分配制度。党的十八大提出,初次分配和再分配都要处理好效率和公平的关系,再分配更加注重公平。学界围绕收入分配的变化展开了一系列讨论,将有关收入分配认识推向新高度。

马克思主义政治经济学是中国特色社会主义收入分配理论的理论基础。张来明、李建伟(2016)认为,在宏观上要以马克思的扩大再生产理论为基础分析收入分配与经济增长的关系;在微观上要从生产要素与需求两个方面分析收入分配差距与经济增长的相互影响及其作用机制。王朝科(2020)提出,马克思、恩格斯的科学社会主义理论是一个有机的整体,按劳分配是其重要的理论支柱。中国特色社会主义是科学社会主义理论的具体实践,坚持和完善中国特色社会主义制度,理所当然应该包括坚持和完善按劳分配制度。

改革开放以来,我国经济社会发生了显著变化,构成了收入分配理论研究的现实基础。于树一、李木子(2019)认为,我国分配制度理论上的争论和实践上的不能形成合力为新时代背景下基本经济制度和分配制度的发展提出了新的任务。卫兴华（2012）探讨了我国贫富两极分化的现象出现的原因，认为生产方式决定分配方式，生产条件的分配决定收入的分配，贫富分化的根源存在于所有制关系中。韩文龙、陈航（2018）总结了造成我国收入分配格局不合理的原因：体制机制制约、劳资关系力量对比失衡、市场机制本身的缺陷、生产力发展不平衡、居民资源禀赋差异等。严金强、李波（2019）总结了改革开放以来我国所有制结构、资源配置方式以及信息技术变革三个层面对我国的分配方式及其实现形式起的决定性作用。陈宗胜、康健（2019）探析了当下我国"葫芦型"收入分配格局形成的原因：受到各种各样城乡差别的影响，处于低收入主众数组的农村居民上升为中等收入群体的阻力远远大于处于中等收入次众数组的城镇居民。刘建华、丁重扬（2012）分析了中国现阶段贫困依然存在的一般原因、体制原因和制度原因：所有制关系和分配关系的调整造成的人们利益格局的改变、社会主义初级阶段多种所有制形式、现存的非按劳分配制度。熊晓琳、任瑞娇（2019）分析了共享视域下我国收入分配制度改革所面临的挑战，提出深化收入分配制度改革要坚持公有制和按劳分配的主体地位不动摇，坚持机会平等、"最少受惠者"的分配原则。

　　理论为实践提供先导，学界针对收入分配的理论研究获得了许多成果。王艺明（2017）构建了一个理论模型，试图应用马克思经济学的基本原理和方法研究当前资本主义生产方式下收入和财富分配不均等的形成机制以及这种分配不均等和经济增长的关系。卫兴华（2013）从区别共同富裕道路目标和现实、区别共同富裕和均等富裕、共同富裕的判断标准、把握"共同富裕是中国特色社会主义的根本原则"的意义和走向、共同富裕概念的相对性、实现共同富裕的难点六个方面剖析了共同富裕不同层次的含义。李怡乐、孟捷（2014）认为劳动力商品化程度影响劳动报酬的机制可以体现在两个总的层次上：劳动力再生产对于市场依赖程度、劳动者对雇佣关系的依赖程度、规避市场风险的能力和与资方谈判的议价能力；劳动法规安排和福利制度设计。朱富强（2014）提出了现实市场机制下特定分配规则对收入分配的决定作用，进而提出了既有的市场机制和分配制度下初始分配收入的不正义性，从社会正义的角度为收入再分配提供了理论基础。洪银兴（2015）认为，产生收入差距的根本原因是不同的个人所拥有的要素存在很大差别。因此，解决收入不平等的关键在于缩小不同个人所拥有的参与分配的要素差别，特别是财产和知识的差别。权衡（2018）总结了改革开放40年来收入分配制度改革最基本的经验和特点：坚持生产力与生产关系发展的规律。郝枫（2013）认为，要素分配是收入分配研究的基础和逻辑起点，并从分配结构测度、份额演进规律、份额决定机制、份额应用研究方面为要素分配研究提出了建议。胡莹、郑礼肖（2018）总结道，十八大以来，我国收入分配制度改革的新经验主要体现在共享发展理念的提出、"两个同步""两个提高"和"一个分配格局"的目标定位及以正确处理好"三个关系"为切入点的路径选择。刘伟（2018）总结了十九大以来新时代中国特色社会主义收入分配思想的突出特点：坚持了马克思主义生产决定分配、生产关系决定分配关系的基本辩证历史唯物主义的立场和方法；强调社会主义经济发展的根本宗旨是以人民为中心；对发展和分配的关系做出了深刻的辩证历史唯物主义的阐释。卫兴华（2018）否定了按劳分配以劳动价值论为理论依据，按生产要素所有权分配是以要素价值论为依据的观点。徐充、胡炅坊（2018）提出，共同富裕、效率与公平的统一、促进多种要素的协调分配是习近平总书记关于新时代我国收入分配改革指导性论述的核心、原则与目标。

二十三、经济高质量发展的政治经济学研究

我国经济已由高速增长阶段转向高质量发展阶段，推动高质量发展是遵循经济发展规律、保持经济持续健康发展的必然要求，是适应我国社会

主要矛盾变化和全面建成小康社会、全面建设社会主义现代化国家的必然要求。中国特色社会主义政治经济学立足于中国现代化建设的实际，探索中国高质量发展的经济规律，并将其上升为系统化理论，以阐释新时代中国经济的高质量发展。

推进经济高质量发展，首先要明确其内涵。周文、李思思（2019）从政治经济学角度出发，认为高质量发展是物质资料生产方式顺应时代潮流的伟大转变，是生产力的发展与生产关系的变革的统一。赵剑波、史丹、邓洲（2019）从系统平衡观、经济发展观、民生指向观三个视角理解高质量发展的内涵，认为高质量发展既是发展观念的转变，也是增长模式的转型，更是对民生水平的关注。简新华、聂长飞（2019）提出高质量发展是产品和服务质量高、经济效益高、社会效益高、生态效益高、经济发展状态好的发展。袁晓玲、李彩娟、李超鹏（2019）从经济发展方式、经济结构、资源效率、创新、生态环境、城市化与人力资本六个方面探究了经济高质量发展的机理。周绍东、陈艺丹（2020）以是否考虑生产资料所有制作为划分依据，从"一般"和"特殊"两个层面分析了"高速增长阶段转向高质量发展阶段"的丰富内涵，为"高质量发展"提供马克思主义解读。任保平、李禹墨（2018）分析了生产力要素的质量、生产力要素的组合质量和生产力的物化成果质量对新时代经济高质量发展的决定作用。张治河、郭星、易兰（2019）认为经济高质量发展是一个动态过程。他们从微观和宏观两个视角说明了创新是引领经济高质量发展的第一动力的原因。国家发展改革委经济研究所课题组（2019）提出，应主要从供给体系的质量、效率和稳定性方面来理解高质量发展内涵。

经济高质量发展还需要一个客观的指标评价体系。李梦欣、任保平（2018）论述了高质量发展指标体系的重要作用，从"创新、协调、绿色、开放、共享"五个基本维度切入，构建经济新时代中国高质量发展的评价指标体系。简新华、聂长飞（2020）从产品和服务质量、经济效益、社会效益、生态效益和经济运行状态五个方面构建高质量发展指标体系，研究证实了高质量发展的子系统之间的相关性。李朝鹏（2019）针对经济高质量发展缺乏系统的理论结构、指标评价系统不一致、研究层面不充分等问题，提出应该进一步完善经济高质量发展理论的内涵框架、机理和评价体系。秦放鸣、唐娟（2020）从经济高质量发展的前景、过程、结构和结果四个维度出发，构建经济发展水平、创新驱动、结构优化、投入产出效率、消费结构、消费高级化、城乡协调能力、公平共享、节能减排、生态保护、资源节约、体系合理性、安全稳定性等十三个方面的指标体系。

当前，我国经济从高速增长转向高质量发展还面临许多挑战，学界针对这些挑战进行了研究，并提出了应对措施。张军扩、侯永志、刘培林、何建武、卓贤（2019）、李梦欣、任保平（2018）都从体制机制、创新效能、对外开放等方面探讨了我国高质量发展面临的问题。马立政、李正图（2020）通过对中国经济高质量发展路径演变的研究，提出经济高质量发展必然是国家治理、经济、社会、文化和生态五个维度的协调发展，必然遵循经济基础与上层建筑之间的作用与反作用。任保平、何苗（2020）从鼓励创新、创造竞争环境、完善基础设施建设、推动高质量开放发展四个方面为新经济高质量发展带动我国经济实现高质量发展提出建议。国家发展改革委经济研究所课题组（2019）提出当前及今后一个时期对中国经济高质量发展构成挑战的一系列问题，提出应以贯彻新发展理念为基本遵循，以建设现代化经济体系为基本目标，以供给侧结构性改革为主线，以质量第一、效益优先为导向，以技术创新和制度创新为动力，加快推动三大变革，努力提高经济发展可持续性，同时顺应要求加快完善政府引导调控体系、顺势而为谋划国际经济关系新布局，为高质量发展创造良好的社会环境和国际环境。张永恒、郝寿义（2018）分别从其约束条件和目标入手，分析了实现高质量发展下产业优化升级的路径，提出了生态、空间、要素投入效率和分工方面的产业优化路径。张俊山（2019）对经济发展质量进行了辩证唯物主义解读，提出要准确认识各行业在经济社会中的地位和作用，正确发挥生产与流通及其他社会服务功能。钞小静、薛志欣（2020）提出，以新经济推动中国经济高质量发展的可行路径需要建立宏观、中观、微观的三维目标导向，在宏观层面提高全要素生产率，在中观层面优化产业结构，在微观层面提高企业效率。任保平、李禹墨（2019），任保平、李禹墨（2018），任保平、宋雪纯（2020）都强调创新在推动我国经济高质量发展中的重要地位，并提出培育创新动能的实现路径。茹少峰、魏博阳、刘家旗（2018）强调全要素生产率在推进高质量发展中的重要作用，并提出了具体的实现路径。钞小静、薛志欣（2020）分析了新经济对推动经济高质量发展的作用机制，提出大力发展新经济，从而实现高质量发展的措施。

此外，数字经济已经成为高质量发展的引擎。荆文君、孙宝文（2019）在梳理我国数字经济发展特征的基础上，从微观、宏观两个层面探讨了数字经济与经济增长的关系及其促进经济高质量发展的内在机理。任保平（2020）提出数字经济引领高质量发展的路径在于促进企业数字化转型、数字经济与实体经济的深度融合；完善支持体系；促进新型基础设施建设。

二十四、国有企业改革的政治经济学研究

国有企业是中国特色社会主义的重要物质基础和政治基础，是我们党执政兴国的重要支柱和依靠力量。党的十九大报告提出，要深化国有企业改革，加强国有经济布局优化、结构调整、战略性重组，推动国有资本做强做优做大，防止国有资产流失。近年来，学界关于国有企业改革的研究获得了许多成果。

从宏观视角研究国有企业改革，明确其总体方向、历史逻辑、切入点，有利于为国企改革全局提供指导。金碚（2015）研究了经济新常态下国企

改革与发展的战略方向，认为国企的本性是以营利方式实现全民目标，使命是推动形成创新型国家，创新驱动是确定可行的技术路线，混合所有是寻求存优除弊的可行模式。许光建、孙伟（2015）认为国企改革首要目标是提高国有企业和国有资本的运营效率；着力点是营造公平的市场环境和逐步放开垄断领域。张兆国、陈华东、郑宝红（2016）认为国有企业混合所有制改革要以完善国有企业资本结构为切入点，发挥资本结构的治理作用，从根本上解决国有企业治理效率低的问题。简新华（2012）强调了国企改革中国有经济和私有经济的关系问题，从总量、占比、产业结构和产业链分工合作角度提出二者应当共同发展，互相配合。宋磊（2014）在理念导向经历了"去理念化"转向，能力导向有抽象化之嫌的背景下，提出了兼顾理念与能力的第三种国企改革思路。郑志刚（2015）提出了新一轮国企改革的历史逻辑：平抑公众对国资垄断经营和不公平竞争的不满和愤怒；实现国有资产保值增值目的；国企改制"资本社会化"传统逻辑的延续；通过引入其他性质的股份，提高国有资本的运行效率；体现国有资产管理理念的革新。

国有企业改革是我国优化经济结构，激发经济活力的重大举措，对提高经济运行效率、推进创新发展、促进社会公平正义、国有资产保值有重要意义。朱磊、陈曦、王春燕（2019）总结了国企混改对企业创新的促进作用，分析了混合所有制改革促进国企创新的作用机制：抑制股东资金侵占行为和提高国企创新效率。汤颖梅、佘亚云（2020）基于数据的研究结果表明：国有企业混合所有制改革能够提高企业风险承担水平，在制度环境更完善的地区，国有企业混合所有制改革的风险承担效应显著性更强。方明月、孙鲲鹏（2019）比较了国企控股、国企参股以及转制民企这三种混合所有制改革策略治疗"僵尸国企"的效果，认为混合所有制改革是治疗"僵尸国企"的重要渠道。同时明确了行业垄断程度、企业政治级别等因素对"僵尸企业"治愈效果的不同。刘晔、张训常、蓝晓燕（2016）研究了国企改革对全要素生产率提高的作用。向东、余玉苗（2020）认为，非国有股东股权结构参与和高层治理参与均能够有效提高企业的投资效率，主要体现在有效抑制中央国有企业的投资过度和有效缓解地方国有企业的投资不足两个方面。杨兴全、任小毅、杨征（2020）研究了国企混改对降低多元化经营程度的影响和作用机制，并阐述了央企和地方国企混改对多元化经营的影响的差异以及在市场化进程和政府质量加强背景下股权结构和高层治理发挥的作用差异。祁怀锦、刘艳霞、王文涛（2018）研究了国企混改对国有资产保值增值的具体实现路径。陈林、唐杨柳（2014）提出，混合所有制改革可以降低国有企业的政策性负担，且垄断性行业的混合所有制改革效率高于竞争性行业，回答了肩负一定程度社会性负担与战略性负担的国企的产权改革是否会引起相关负面影响的问题。同时，张辉、黄昊、闫强明（2016）认为，混合所有制改革可以通过降低国企的政策性负担来显著地提升企业绩效。许召元、张文魁（2015）发现国企改革可以通过提高资本边际产出、改善资本动态配置效率、促进 TFP 增长和发挥对其他企业的外部溢出效应等途径来提振经济增速。

改革开放以来我国国有企业改革取得了显著成果，进入新时代，国企改革面临新的困境和挑战，学界对此进行了研究，并提出了相应措施。沈昊、杨梅英（2019）研究得出了混改国有企业引进非公股东的时机和类型、不同时期企业适宜的混改方式、国有股权比例与公司控制权关系、公司治理模式与公司绩效的关系的相关结论。綦好东、郭骏超、朱炜（2017）认为国有企业混改的动力主要在于提升经济绩效、改善企业治理、促进社会稳定与发展，而改革的阻力则主要来自部分既得利益者的阻碍、落后激励机制的制约、意识形态的固化及公众对变革的担忧，认为革新落后的国有资产经营激励机制是此次改革取得预期成效的关键，并从因企施策、制度设计、保护产权和公众利益方面提出了建议。沈红波、张金清、张广婷（2019）探究了国企混改中控制权安排这一核心问题，认为不能简单采用民营化或私有化政策，要健全股东制衡机制；在充分发挥国资监管部门的监管职能的同时，要激发战略投资者的积极性和主动性。王东京（2019）分析了给国企定行政级别的原因和取消国企行政级别的利弊，认为国企去行政化，重点是完善法人治理结构，实行政企职责分开。沈昊、杨梅英（2020）分析了当前国资监管存在的短板与不足，研究了新出现的"假参股"企业的监管问题，提出了"参控同管""逆向监管"等监管思路，推导出了未来国资监管的架构和路径。宋晶、孟德芳（2012）基于当下国有企业内部收入分配决定机制不完善、分配秩序混乱的情况，提出了国有企业高管薪酬制度改革的路径：对不同类别的国企高管实行不同的薪酬制度。刘灿、韩文龙（2014）认为新一阶段的国企改革仍然面临着国企的性质和定位、与政府的关系、效率、内部治理和利益分配等问题，需要从动态关系治理的视角来分析国企改革中面临的问题，并阐述了动态关系的内涵。

二十五、新发展理念的政治经济学研究

新发展理念以"创新、协调、绿色、开放、共享"为内容，回答了关于发展的目的、动力、方式、路径等一系列理论和实践问题，阐明了我们党关于发展的政治立场、价值导向、发展模式、发展道路等重大政治问题，集中反映了我们党对经济社会发展规律认识的深化，是我国发展理论的又一次重大创新。深入理解、准确把握新发展理念的科学内涵和实践要求，对我国理论体系建设、经济建设实践具有重要意义。

从新发展理念的理论和实践价值来看，邱海平（2019）阐释了新发展理念是我国发展理念的伟大创新，是中国特色社会主义政治经济学的最新成果，并提出在全面建成小康社会和建设社会主义现代化强国的新征程中，深入学习和全面贯彻落实新发展理念和以新发展理念为主要内容的习近平新时代中国特色社会主义经济思想具有重大现实意义。刘伟（2017）认为，

新发展理念深刻总结了中国特色社会主义经济发展的经验，并提出贯彻新发展理念，重要的在于从现代化的产业体系和经济体制两方面，构建中国特色社会主义现代化经济体系。

创新是中国社会主义现代化建设的强大引擎，引领中国社会主义现代化建设的第一动力。顾海良（2016）对新发展理念的中国特色社会主义政治经济学的深刻意蕴进行了分析，他认为新发展理念置创新于首位，强调创新在培育发展新动力，形成促进创新的体制框架，塑造更多依靠创新驱动、更多发挥先发优势的引领型发展等方面的重要意义，彰显了马克思主义政治经济学中的创新思想，展示了中国特色社会主义政治经济学关于创新理念的新境界。任保平、宋雪纯（2020）从创新、协调、绿色、开放、共享五个维度，分析了我国经济高质量发展面临的难点问题及下一步的发展路径。在创新维度，他们针对科技创新的深度和广度不够等问题，提出要把握新一轮技术革命和产业变革的发展机遇，持续推进创新驱动发展战略，深入推进大众创业万众创新，发挥双创带头作用。

协调发展理念是持续健康发展的内在要求。顾海良（2016）提出，协调发展理念强调区域协同、城乡一体、物质文明和精神文明并重，在协调中拓展发展空间，提升了中国特色社会主义经济学关于协调理论的视界。杨嘉懿（2019）深入分析了我国经济发展不平衡不充分的主要表征及原因，并提出要以新发展理念来破解不平衡不充分的经济发展问题，其中新发展理念突出发展的协调性，优化空间的经济布局，着力改变城乡二元结构，促进区域内资源配置的合理化，为人民追求美好生活提供制度保障，能从多个层面促进发展不平衡问题的破解。

绿色发展是以效率、和谐、持续为目标的经济增长和社会发展方式，本质上是人与自然的和谐问题，是事关人类社会发展的基本问题。黄茂兴（2017）阐述了中国绿色发展对马克思主义绿色发展观的创新和对全球环境保护的理论贡献，并对推动中国绿色发展亟须解决的关键问题与路径选择进行了分析。任保平、宋雪纯（2020）针对环境治理成本大幅增加、国内外区域间不合理的产业转移、不合理的产业结构与能源结构等问题，提出要推进绿色发展制度体系的建设，建立和完善实行绿色生产及绿色消费的体制机制，加强政策引导，以实现循环经济和绿色经济发展。

开放发展理念是国家繁荣发展的必由之路。顾海良（2016）提出，开放在于顺应我国经济深度融入世界经济的趋势，奉行互利共赢的开放战略，坚持内外需协调、进出口平衡、引进来和走出去并重、引资和引技引智并举，发展更高层次的开放型经济，积极参与全球经济治理和公共产品供给，提高我国在全球经济治理中的制度性话语权，构建广泛的利益共同体。刘伟（2017）提出，发展更高层次的开放型经济是对发展认识的科学深化，也是基于对我国发展与世界之间关系变化的深刻认识的清醒判断，他认为把新时代的开放命题纳入"新发展"，不仅是对"发展"内涵认识的新的升华，对发展、改革、开放三者内在联系的进一步深刻把握，而且更是在义利观、安全观上向世界展示中国的价值观。

共享发展理念是对马克思主义政治经济学的继承和发展，是五大发展理念的归宿，是今后我国经济发展的出发点和落脚点。刘凤义、李臻（2016）从政治经济学角度对共享发展进行解读，认为生产力发展水平构成共享发展的物质基础，生产关系的性质决定共享发展的层次和范围。共享发展不仅包括成果共享，也应包括劳动过程的共享，两人从分配和生产两个领域，运用唯物史观的方法，对共享发展中一些似是而非的问题进行了解答。蒋永穆、张晓磊（2016）分别从共享发展理念的战略意义、核心要义、实现路径和根本目标四大方面进行深度分析，提出坚持共享发展理念是共同迈入全面小康社会的基本保证、坚持共享发展理念的核心要义是以人民为中心、坚持共享发展理念的实现路径是做出更有效的制度安排、坚持共享发展理念的根本目标是使全体人民在共建共享中有更多获得感。

二十六、现代化经济体系的政治经济学研究

建设现代化经济体系是实现社会主义现代化强国目标的基础。现代化经济体系目标的提出，坚持了马克思主义关于"生产的现代性"论述，对社会主义初级阶段主要矛盾变化下的经济发展目标、方法和路径做出了科学的解答。近年来，学界围绕建设现代化经济体系的必要性和意义、现代化经济体系的理论内涵以及如何建设现代化经济体系展开了讨论，取得了一系列成果。

建设现代化经济体系对于转变经济发展方式，提高经济运行效率，全面建设社会主义现代化国家有重要意义，是我国经济社会发展的必然要求。郭威、杨弘业、李明浩（2019）、石建勋、张凯文、李兆玉（2018）、周绍东、王立胜（2019）、师博（2018）都从社会主要矛盾、解决当前我国经济发展存在的问题、国际形势变化、全面建设社会主义现代化国家的角度分析了建设现代化经济体系的必要性。张辉（2018）分析了我国现有经济体系面临的主要挑战：全要素生产率增速放缓；产业结构仍需优化升级；要素市场化程度有待提高；资源环境约束趋紧。高建昆、程恩富（2018）从转变发展方式、优化经济结构、转换增长动力三个角度分析了我国建设现代化经济体系、转向高质量发展的必然性与重要性。何晓宇、沈坤荣（2018）在对现代化经济体系进行内涵阐述的基础上，对现代化经济体系如何通过全要素生产率推动经济高质量发展进行了理论分析。

建设现代化经济体系，应明确其内涵。洪银兴（2019）将现代化经济体系概括为三个方面：优化经济结构；转换增长动力；现代化的国家治理体系。王立胜、张彩云（2018）认为，现代化经济体系的基本内涵包括本质和主要内容两部分，回答了为谁建设、谁来建设以及建设什么样的现代化经济体系这三个问题。刘伟（2017）认为，现代化经济体系的基本历史

内涵在于产业体系和经济体制两个方面：加快建设各方面协同发展的产业体系；构建市场机制有效、微观主体有活力、宏观调控有度的经济体制。程恩富、柴巧燕（2018）阐发了现代化经济体系的基本框架，即产业体系、市场体系、收入分配体系、城乡区域发展体系、绿色发展体系、全面开放体系和双重调节体制七个部分。何自力、乔晓楠（2017）提出，建设现代化经济体系的目的是解决新时代社会的主要矛盾；根本任务是实现由数量型增长转变为质量型增长；着力点是强化实体经济。周绍东、潘敬萍（2020）对现代化经济体系做了马克思主义政治经济学分析，认为现代产业体系是实体经济、科技创新、现代金融和人力资源四位协同的有机整体。周绍东、王立胜（2019）从生产力、生产方式和生产关系三个方面理解现代化经济体系的内涵，认为建设现代化经济体系就是要从生产力的构成要素出发，切实提高劳动者素质和生产资料质量；从生产资料与劳动者的结合方式出发，优化产业结构、统筹城乡关系、协调区域发展、推动全面开放；要继续坚持社会主义基本经济制度不动摇，毫不动摇巩固发展公有制经济，毫不动摇鼓励、支持、引导非公有制经济发展。刘志彪（2018）提出了建设现代化经济体系的总体框架：坚持一个方针，坚持一条主线，建设创新引领、四位协同的产业体系和"三有"的经济体制。张辉（2018）提出了现代化经济体系具有的几个特征：一是现代科技是第一生产力；二是让市场在资源配置中起决定性作用，更好地发挥政府作用；三是实体经济、科技创新、现代金融、人力资源协调发展；四是结构、效率和质量得到全面提升；五是绿色基础上的可持续发展。

建设现代化经济体系，要以新发展理念为指导，以完善社会主义市场经济体制为前提，以提高实体经济供给质量为着力点。张辉（2018）提出了全面建设现代化经济体系的战略选择：以创新引领发展方向；加快推进产业结构优化升级；坚持和完善要素市场改革；践行绿色发展理念；促进空间均衡布局。刘志彪（2018）提出，建设现代化的经济体系要坚持质量第一、效率优先的方针；以深化供给侧结构性改革为主线，推动质量经济、综合要素生产率和发展新动力的三大变革；要建设实体经济、科技创新、现代金融、人力资源四者协同的现代产业体系；要建设能够支撑现代化经济体系的经济体制和机制，让市场机制有效、微观主体有活力、宏观调控有度。王立胜、张彩云（2018）认为，现代化经济体系建设的战略分为五个环节：战略理念、战略主体、战略保障、战略重心、战略布局，这五个环节从行动先导、主体核心、主体力量、主权保障、制度保障、战略核心、战略中心和战略重点八个方面回答了怎样建设现代化经济体系这一问题。刘伟（2017）从我国发展中的主要矛盾、我国经济失衡的深层原因的角度分析了建设现代化经济体系要以供给侧结构性改革为主线的原因。张杰（2018）提出，建设现代化经济体系、推动经济高质量发展的关键是要科学把握和调整政府与市场的关系。他针对当前中国地方政府对政府和市场关系存在的认知误区和扭曲行为，提出了今后政府和市场关系的改革方向以及重点改革突破口。沈敏（2018）认为技术创新和制度创新是现代化经济体系的双擎驱动，着重分析了企业、市场、产学研协同发展的技术创新体系和机制体制创新的制度创新。王喆、汪海（2018）提出"三有"经济体制是现代化经济体系建设的制度保障，分析了当前我国建设现代化经济体系的制度障碍，并指明了进一步深化经济体制改革的方向。张占斌、戚克维（2018）提出，要从正确认识和牢牢把握社会主要矛盾的变化入手，科学理解建设现代化经济体系的内涵和特征，沿着五大路径迎难而上，着力处理好五个方面的关系，不断推动现代化经济体系建设向纵深发展。乔晓楠、郗艳萍（2018）分析了人工智能的导入对培育新动能的意义，进而认为人工智能对我国建设现代化经济体系具有重要意义。

二十七、以人民为中心的发展思想研究

坚持以人民为中心的发展思想是中国特色社会主义政治经济学的根本

立场。作为我国经济社会建设的基本指南,以人民为中心的发展思想体现了党对执政规律、社会主义建设规律、人类社会发展规律的深刻认识和自觉运用。近年来,学界从思想内涵、路径政策、理论与实践意义等方面对该思想进行了研究。

以人民为中心的发展思想具有丰富的理论内涵。何艳玲、李志军(2017)认为,以人民为中心的发展思想是在马克思主义基本立场的基础上阐释"人民至上"的实质内涵,明确发展的价值取向;是从解答治国理政时代课题的高度构架发展的内容框架,明确发展的主题内容;是在推进中国特色社会主义伟大实践中开辟"三位一体"发展的新路径,体现党对人类社会发展规律认识的不断深化。段学慧、程恩富(2017)阐释了中国特色社会主义政治经济学"以人民为中心"根本立场的内涵:第一,是中国特色社会主义政治经济学人民性和党性的高度统一;第二,是社会主义初级阶段赋予政治经济学的历史使命;第三,始终把广大劳动人民利益放在首位,协调好人民内部不同利益群体之间的关系;第四,确立人民在社会主义生产中的主体地位。纪志耿、祝林林(2017)从国有企业改革、供给侧结构性改革、土地"三权"分置改革、脱贫攻坚和精准扶贫、"四化"同步发展五个方面概括习近平以人民为中心的经济思想。此外,常庆欣、张旭(2020)提出,以人民为中心的发展思想是在避免"经济人"缺陷的基础上,在遵循马恩"人的一般本性"基本规定的前提下,在深刻把握马克思考察的"变化的人的本性"变化趋势中,结合中国特色社会主义经济建设和改革实践,对发展为了谁、发展依靠谁、发展成果由谁享有这个根本问题做出回答。元晋秋(2020)则从空间修复与空间生产角度出发,认为走出资本扩张的空间悖论的核心是通过"节约劳动时间"来生产作为"固定资本"的"人本身",而"以人民为中心的发展思想"和"五大发展理念"所规划的空间生产之路,正是马克思这一思想在当代中国的生动体现。

关于贯彻落实以人民为中心发展思想的路径与政策,吴宣恭(2017)

聚焦于如何实现"发展为了人民"与"发展依靠人民",提出要更多地关注劳动人民的状态,坚持和发展社会主义的经济和政治制度,保证劳动人民在生产和生活中应有的自主权利与政治社会各方面的平等地位,确保劳动人民真正成为社会的主人;同时,要加强中国共产党的领导,从政治、思想高度搞好党的建设。赵笑蕾(2018)提出,必须坚持和完善社会主义基本经济制度和分配制度,使发展成果更多更公平地惠及全体人民;坚持和完善中国特色社会主义政治制度,推动人的全面发展、社会全面进步;认真贯彻落实新发展理念,维护社会公平正义,实现发展成果共建共享、人民生活幸福安康。燕连福、夏珍珍(2018)提出,落实"以人民为中心"的发展思想,要坚决打好三大攻坚战;全面建成小康社会;持续缩小两大差距,朝着实现全体人民共同富裕的目标稳步迈进;全面提升五大文明,促进人民生活更加幸福安康。此外,刘儒、刘鹏、杨潇(2016)聚焦于政治经济学的理论发展,提出进一步创新发展当代马克思主义政治经济学的核心是要始终坚持以人民为中心的发展思想,坚持用中国特色社会主义政治经济学重大原则分析问题和指导实践,增强理论自信,推进当代中国政治经济学迈向新境界。

以人民为中心的发展思想具有深远的理论与实践意义。韩喜平(2016)认为,坚持以人民为中心的发展思想是对马克思主义发展理论基本精神内核的发展,是对西方发展理论局限性的超越,体现了中国共产党的执政理念和中国特色社会主义制度的优越性,指明了全面建成小康社会、实现中华民族伟大复兴中国梦要坚持的基本原则和具体路径,并为世界贡献中国方案。王明胜(2016)认为,以人民为中心的发展思想体现了中国共产党执政为民的根本宗旨与人民至上的价值取向,开拓了当代中国马克思主义发展观的新境界,彰显了新一届中央领导集体治国理政的鲜明特色,确立了五大发展理念必须坚持的基本原则。彭焕才(2018)则提出,第一,理论价值维度方面,以人民为中心的发展思想实现了发展观的重大理论创新;

第二，实践价值维度方面，其引领和推进了中国特色社会主义伟大实践和人类社会的新发展；第三，方法论价值维度方面，其为中国共产党治国理政提供了行动依据和方法指引。吴育林、邵程程（2019）认为，以人民为中心的发展思想既以"现实的人"作为重要理论来源，吸收其价值理念与方法论，又对"现实的人"所寓意的历史主体性、实践主体性等主体性品质做出了新时代的阐释和发展。此外，王丰（2020）提出，"人民逻辑"的思想主线初构了中国特色社会主义政治经济学的逻辑主线，以此为立论依据，可以在劳动价值理论的基础上，确立中国特色社会主义"为人民的劳动""为人民的商品""为人民的价值"的概念，最终构建中国特色社会主义政治经济学"以人民为中心"的价值范畴，以弥补中国特色社会主义政治经济学在反映社会主义特殊经济规律"价值范畴"方面的理论缺失。

二十八、社会主义社会主要矛盾研究

党的十九大报告指出，新时代我国社会主要矛盾已转化为人民日益增长的美好生活需要和不平衡不充分发展之间的矛盾。这一判断因势而变、与时俱进，客观反映了我国经济社会发展变化的实际，是新时代我们党对中国特色社会主义理论的重大创新。有关我国社会主要矛盾的新认识，既体现了以人民为中心的政治经济学立场，又丰富和发展了中国特色社会主义政治经济学的理论体系。

新时代我国社会主要矛盾转化论断的提出，具有其必然的逻辑与依据。吕普生（2018）认为，从理论依据上说，在社会主义初级阶段以及整个社会主义全过程，社会根本矛盾的内在属性并未发生实质性变化，这决定着社会主要矛盾在性质上一直是人民内部矛盾，即人民需求与社会供给之间的矛盾；从实践依据上说，生产力发展水平的显著提高化解了早期社会主要矛盾并促进了人民需求结构和需求层次的发展变化，但不平衡不充分的发展现状难以满足新的社会需求。颜晓峰（2019）提出，对社会主要矛盾发生转化的判断体现了其新的构建逻辑，即把人民作为社会主要矛盾的主体，把人民的需要状况与人民需要的满足状况作为社会主要矛盾的两个方面。刘希刚、史献芝（2018）则从唯物辩证法出发，认为社会主要矛盾变化是主观辩证法与客观辩证法互动的历史性结论，内含唯物辩证法意蕴，是新时代标志、丰富内涵与创新性工作要求的有机统一。

深刻诠释新时代中国社会主要矛盾是开创中国特色社会主义政治经济学新境界的关键议题。杨生平（2017）、卫兴华、赵海虹（2018）都明确提出，我国进入新时代与我国社会主要矛盾发生转化不能超越"社会主义初级阶段的基本国情没有变"等"三个没有变"的论断，我国社会主义初级阶段社会主要矛盾的转化是具有渐进性、连接性的。此外，卫兴华、赵海虹（2018）提出，我国社会主要矛盾的转变是进入新时代的表现，而不是进入新时代是我国社会主要矛盾转变的结果。赵中源（2018）将新时代主要矛盾新的形态特征概括为：社会生产进一步由注重物质资料生产向强调全面均衡发展转变、解决主要矛盾的着眼点由注重社会生产向突显人民需要转变、人民需要由生存性需要向享受性与发展性需要转变。庞元正（2018）、谢富胜（2018）都对新时代社会主要矛盾的主要方面做出了论述：前者认为，新时代我国社会主要矛盾的主要方面是不平衡不充分的发展，并把我国在社会主义初级阶段的主要矛盾概括为人民日益增长的对发展的需要同发展还不能在短时期内满足人民的需要之间的矛盾；后者则认为发展不充分是新时代社会主要矛盾的主要方面，要通过解决发展不充分来解决发展不平衡问题。吴宣恭（2012）则根据所有制实际重新分析了当前阶段的社会主要矛盾，得出了四点结论：一、改革开放后我国的所有制结构发生了巨大的变革，不能继续按单一公有制的旧思维，而是要从多种所有制并存的现实出发去解析社会矛盾；二、必须承认基本经济制度内部存在的矛盾，认识当前社会矛盾的二重性和复杂性；三、两类社会矛盾互相影响可能促使一种生产关系出现新的矛盾，也可能使固有的矛盾缓和或者激化，应该利用有积极影响的因素，使矛盾朝着有利于解决的方向发展；四、经济力量强大的生产关系将对社会矛盾的变化起主导的作用，必须坚持公有制为主体和壮大社会主义公有制经济，减弱资本主义社会矛盾的影响力，保证我国沿社会主义道路向更高阶段前进。

如何解决新时代我国社会主要矛盾在学界掀起了研究热潮，并已取得丰硕的理论成果。李慎明（2018）提出：第一，必须以习近平新时代中国特色社会主义思想为指导，坚持党对一切工作的领导这一最为根本的政治原则；第二，牢牢坚持党的基本路线，坚持以人民为中心；第三，警惕社会主要矛盾与非主要矛盾非正常相互转化的问题，防止社会非主要矛盾影响社会主要矛盾的解决；第四，要始终扭住当前我国社会主要矛盾不放，在继续推动发展的基础上着力解决好发展不平衡不充分的问题；第五，要坚定信心，居安思危。胡鞍钢、程文银、鄢一龙（2018）认为，新矛盾的解决需要坚持以供给侧结构性改革为主线的新思想，从增加优质供给和优化结构两方面，在经济、社会、文化、生态等各领域推动并完善供给侧结构性改革。张三元（2017）提出，新矛盾意味着新目标、新斗争、新方略，而实现新任务必须立足两个"没有变"的基本国情，有效应对重大挑战、抵御重大风险、克服重大阻力、解决重大矛盾、开展伟大斗争；面对新矛盾、新目标，必须有新方略，坚定不移地以人民为中心进行创新发展。任保平、刘笑（2018）认为，针对主要矛盾的变化，"慢变量"成为我国经济发展的关键，经济发展路径需要进行转型：要从数量追赶向质量追赶转型，从经济结构多样化向合理化和高级化转型，从传统动力向新型动力转型，从规模扩张转向效率提升，从旧分工体系向新分工体系转变。蒋永穆、周宇晗（2018）则聚焦破解经济发展的不平衡不充分，提出通过乡村振兴战略着力解决城乡不平衡问题，实施区域协调发展战略着力解决区域不平衡问题，深化供给侧结构性改革着力解决结构不平衡问题，建设创新型国家着力解决创新不充分问题，加快完善社会主义市场经济体制着力解决改革不充分问题，推动形成全面开放新格局着力解决开放不充分的问题。

此外，许多学者都将我国社会主要矛盾的转化与其他问题充分联系起来进行研究。肖潇（2020）探讨了社会主要矛盾转化下的和谐劳动关系新内涵，认为和谐劳动关系是就业灵活性与从业稳定性并重、劳动控制与工作自主平衡、劳动收入增长与素质技能提升良性互动以及达成劳动关系主体共建共治共享的有机统一。盛明科、蔡振华（2018）进行了社会主要矛盾与党治国理政主题的关联性研究，提出社会主要矛盾是党确定治国理政主题的重要依据，党治国理政主题是解决社会主要矛盾的必由之路，二者相辅相成且内蕴于社会主义初级阶段的基本国情。

二十九、经济新常态的政治经济学研究

进入新战略发展时期，我国经济发展速度从高速增长转为中高速增长，经济结构不断优化升级，经济发展动力转向创新驱动。中国经济迈入新常态引起国内外学术界的广泛关注，学界围绕经济新常态的内容进行了各个角度和层次的深入研究，取得了一系列研究成果。

名词释义、定位是研究中最基础、最关键的问题。简新华（2016）阐释了"中国特色社会主义政治经济学""经济学""政治经济学""马克思政治经济学"等名词的内涵和外延、区别和联系，为经济新常态的政治经济学研究奠定初步基础。

习近平经济新常态理论坚持马克思主义政治经济学立场，立足中国特色社会主义经济建设的伟大实践，有深厚的理论和现实基础。郭克莎（2016）从中国特色社会主义政治经济学的理论逻辑出发分析党中央提出的经济新常态。通过将中国生产力发展阶段、工业化进程、经济增速、产业结构、增长动力发生的较大变化与历史经验对比分析，验证经济新常态提

出的合理性、科学性。张占斌（2015）对中国经济发展的外部环境，国内经济发展速度、经济结构等方面进行了一个详细的考察，为其构建了一个较为全面的形成背景。

经济新常态理论包含丰富的理论内涵和鲜明的理论特征。金碚（2015）总结道，中高速增长、结构调整、创新驱动、素质提升和公平分享是新经济发展阶段的主要特征。齐建国（2015）认为经济新常态的理论核心在于中国经济形成了新的市场经济规则、运行机制以及新的市场结构与模式，并持续演进；政府转变职能，使得企业在激烈竞争和创新中自主发展；创新驱动发展，并注重生态文明建设。张占斌（2015）总结了中国经济新常态的趋势性变化和特征：增长速度由超高速高速向中高速转换；发展方式从规模速度型粗放增长向质量效率型集约增长转换；产业结构由中低端水平向中高端水平转换；增长动力由要素驱动投资驱动向创新驱动转换；资源配置由市场起基础性作用向起决定性作用转换；经济福祉由非均衡型向包容共享型转换。齐建国（2015）从市场经济语境、国别语境、发展阶段和环境语境等角度对经济新常态的内容进行解读。逄锦聚（2016）按照马克思基本原理分析我国经济发展进入新常态的原因，认为主要原因在生产领域，如产业结构不合理，创新不足，科技转化为现实生产力不畅，要素生产率较低等。

"中国经济进入新常态"这一论断对指导中国经济各领域建设具有重大现实意义。刘伟（2015）提出，现阶段中国正由工业化进程的中后期进入工业化后期，国民经济的主导产业将会由第二产业转变为第三产业。这种转变的主要特征主要表现在第三产业增长率和所占市场份额的持续加大。刘伟（2016）认为，国民生产的总成本相对前期显著上升要求发展方式发生根本变化；创新力和产业结构升级动力不足导致投资机会减少，投资需求疲软；收入分配扭曲、分化严重导致消费倾向下降，消费需求疲软。他提出：中国必须根本改变经济增长方式，进行供给侧改革。齐建国（2015）

认为，中国经济新常态并非经济转型成功并进入理想发展阶段的标志，相反，新常态表明中国经济进入诸多有利于经济增长的红利加速消失、经济增长的硬约束变得更强、结构转变压力加大的时期。在他看来，目前中国经济的新常态不同于美国经济的新常态，实际上是中国经济进入更加接近市场经济正常状态的表现。

此外，学界对新常态下中国经济的持续健康发展提出了建设性意见。吴国培（2015）测算了我国的资本存量，运用生产函数法、状态空间模型对我国未来几年的经济增长潜力进行预测，并提出应重视全要素生产率增长对经济增长的作用。刘志彪（2015）认为，推进经济转型升级的关键措施，是启动国家层面的、新一轮大规模的技术改造。高建昆、程恩富（2015）提出要主动适应、积极引领新常态。要正确处理公有制与私有制、政府与市场、分配中公平与效率、经济发展与生态环境保护、自主创新与对外开放这五大关系；坚持以马列主义及其中国化的经济理论引领经济新常态。逄锦聚（2016）提出了新常态下解决社会主要矛盾必须坚持的中国特色社会主义政治经济学八大原则：第一，坚持以人民为中心的基本原则；第二，坚持矛盾分析和抓住主要矛盾、解决主要矛盾的原则；第三，坚持解放生产力发展生产力和创新、协调、绿色、开放、共享的发展理念的原则；第四，坚持社会主义初级阶段基本经济制度不动摇的原则；第五，坚持和完善社会主义基本分配制度的原则；第六，坚持按比例分配社会劳动和协调发展的原则；第七，坚持社会主义市场经济改革方向，妥善处理政府与市场的关系的原则；第八，坚持对外开放基本国策不动摇的原则。任保平（2015）提出，新常态背景下中国经济增长的潜力开发的方向主要在结构转变、要素配置效率、制度供给、规模经济等方向。

三十、 供给侧结构性改革的政治经济学研究

党的十九大报告将"深化供给侧结构性改革"作为建设现代化经济体

系的第一举措。供给侧结构性改革是马克思主义政治经济学基本原理与中国经济发展实际相结合的重大理论创新,开展相关研究必须以马克思主义政治经济学为指导,研究如何紧紧扭住供给侧结构性改革这条主线以实现供需双侧发力。近年来,学界有关供给侧结构性改革的探讨主要涉及其理论基础、目标与内涵、路径选择等方面。

供给侧结构性改革的提出在理论界引起了广泛的讨论,目前理论界比较一致的看法为:其理论基础不是20世纪70、80年代的西方盛行的"供给学派""撒切尔主义""里根经济学"等。具体上,谢地、郁秋艳(2016)从社会生产总过程、微观企业、中观产业、宏观国民经济、国际经济关系五个方面分析指出供给侧结构性改革的理论依据源于马克思主义政治经济学。方敏、胡涛(2016)按照古典经济学传统和马克思主义经济学的唯物史观方法提出,理论基础应该包含两个方面:一是生产(供给侧)是经济发展的基础和决定性因素,以发展生产力为根本检验标准;二是运用矛盾分析方法,把生产与消费的矛盾、总供给与总需求的矛盾归结为特定社会结构和历史发展阶段的产物。此外,方福前(2017)在区分理论源头与理论依据的基础上,提出供给侧结构性改革的理论源头可以追溯到供给理论的源头,即英法古典经济学;而马克思的生产(供给)结构和产品(收入)分配结构取决于生产关系的性质和结构等思想论述是我国供给侧结构性改革取得成功的重要理论依据。简新华、余江(2016)认为,需求分析和供给分析各有利弊,正确的方法应该是尽量吸收借鉴西方经济学中合理的理论和有效的方法,主要运用马克思主义经济学的理论和方法分析。韩保江(2018)提出,供给侧结构性改革与供给学派的"实践前提"和"逻辑前提"根本不同,经济新常态是供给侧结构性改革的逻辑前提,新发展理念是供给侧结构性改革的价值引领。鲁品越(2020)认为,供给侧结构性改革立足于新时代中国特色社会主义市场经济实践,以马克思主义政治经济学理论为指导,批判吸收并彻底改造了西方经济学理论,对马克思主义经济思想做出新贡献。

关于供给侧结构性改革的内涵，洪银兴（2016）强调要准确认识供给侧结构性改革的目标和任务，其目标在于解决有效供给、提高全要素生产率和释放企业活力；同时，要处理好供给侧改革的目标与任务、供给侧改革和需求管理的关系。任保平（2016）则认为，供给侧的改革实质是改善和调节分工，形成新的分工体系；供给侧改革的目标是促进社会分工的深化，培育新的发展动力。金碚（2017）基于价值论为主线、供求论为辅线的学术范式，认为供给侧的意涵是提供效用的实质供给、提供有用产品的实际供给、提供以使用价值为前提而以货币单位计量的交换价值名义供给，以及以信用货币标示的无使用价值之物的虚拟供给；供给侧失调的实质主要表现为结构失衡和质效缺陷。改革的根本缘由就在于实质供给问题凸显会使得货币性（需求侧）政策效率递减，使得人们回到经济最基本的生产层面。白暴力、王胜利（2017）认为，改革的主要内容是：以从生产端入手进而提高社会生产力为目的；以调整宏观经济结构为主攻方向；以深化企业改革为根本途径。丁任重、李标（2017）认为，我国经济的结构问题表现在：既存在总需求不足与需求转移外溢并存的供需间不对称，又存在有效供给不足与相对过剩并存的供需内部不对称；三次产业结构有待优化；传统产品供给过剩，以需求为核心、精益求精的新兴产品供给不足等。李繁荣（2017）、杨继国、朱东波（2018）、盖凯程、冉梨（2019）均从再生产理论和两大部类均衡结构角度出发进行分析。李繁荣（2017）认为，马克思关于"再生产过程中货币资本的作用""社会总产品的实现问题""部类划分理论""再生产过程中的危机必然性"等理论对如今供给侧改革的研究都具有重要意义；杨继国、朱东波（2018）拓展构建四部类结构均衡模型进行分析，提出我国问题在于第Ⅰ部类和第Ⅱ部类失衡、第Ⅱ部类产能过剩、第Ⅲ部类供给不足与第Ⅳ部类供给过剩、调整分配以解决"非瓦尔拉斯均衡"问题等；盖凯程、冉梨（2019）分析提出，劳动力供给、企业创新能力、政府降成本措施、市场资源配置导致第Ⅰ部类的生产无法满足两大部类的总需求，城镇化与劳动力转移不足、房地产库存积压、产业结构不合理导致了第Ⅱ部类生产的消费资料小于可变资本总需求。

关于供给侧结构性改革的推进路径，徐宏潇（2016）提出，破解生产力维度的物质产品供给结构失衡与生产关系维度的制度供给结构失衡的双重困境，要将物质产品供给结构改革、制度供给结构改革有效结合起来。鲁宝林（2016）基于马克思经济学劳资关系视角，强调推进供给侧改革过程中一定要警惕把"产能过剩"完全归因于政府干预，把"僵尸"企业直接等同于国有企业，把"降成本"等同于"减税+降低工人的工资和福利"，以及以增强用工灵活性、改善劳动供给的名义修改《劳动合同法》等错误倾向。谢富胜、高岭、谢佩瑜（2019）把我国经济成长过程置于全球生产网络的分工体系中进行考察，提出要利用乡村振兴战略化解过剩产能，提高资源利用效率；建设关键部件开发平台，突破关键部件创新；构建国内企业生产网络、适应需求结构动态多样性的路径选择。

此外，学界普遍认为在推进供给侧结构性改革过程中，不能忽视需求侧的影响与作用，这些理论成果对于实现供需双侧发力具有重要意义。邱海平（2016）认为，供给侧结构性改革必须坚持以马克思主义政治经济学为指导，抓住改革开放以来中国所形成的特殊经济体制以及由此产生的特殊经济增长模式的"牛鼻子"，进一步重视需求侧的作用和需求侧的改革，推进投资体制与收入分配体制改革。谢春玲、费利群（2017）提出，供给侧结构性问题在很大程度上是由长期失衡的需求结构导致的，推进供给侧结构性改革的着力点之一是加快推进收入分配体制改革，要处理好政府与市场的关系，理顺中央与地方财权事权关系，实现地方政府收入体系的重构。王炫、邢雷（2017）提出，供给侧与需求侧改革需并重，供给侧改革最重要的应该是补短板，而需求侧改革重点在于缩小收入差距，提高居民消费能力。

三十一、乡村振兴和精准扶贫的政治经济学研究

"十四五"规划中明确提出"优先发展农业农村,全面推进乡村振兴"的战略指向,并强调要实现巩固拓展脱贫攻坚成果同乡村振兴的有效衔接。乡村振兴和精准扶贫是立足于中国国情并以马克思主义政治经济学为指导的伟大实践探索,由此产生了马克思主义中国化的最新理论成果。近年来,学术界围绕乡村振兴战略的理论逻辑和推进路径,精准扶贫的内涵意蕴和实践创新等方面展开了广泛探索,形成了丰富而系统的理论成果。

关于乡村振兴战略的理论渊源与逻辑,王亚华、苏毅清(2017)认为,乡村振兴战略既涵盖了以往历史时期党的农村战略思想精华,也顺应国情变化赋予了农村发展以健全乡村治理体系、实现农村现代化、促进城乡融合发展、打造"一懂两爱"的"三农"工作队伍等新内涵。张海鹏等人(2018)则提出,乡村振兴战略思想是历史上乡村振兴思想在新阶段的延伸,但又具有明显的历史跨越性,是对马克思主义农村发展和城乡融合发展思想,以及历代共产党人农村发展思想的融会贯通。张扬、程恩富(2018)研究了邓小平"第二次飞跃"论与习近平"统"的思想之间的深刻联系,提出中国集体经济的发展与实现乡村振兴战略亟须重温"第二次飞跃"论的战略思想以及习近平"统"的思想。

在农业经营主体方面,蒋永穆、王瑞(2020)将由同质主体分化后的农业经营主体划分为内生式兼业型小农、内生式发展型小农、外嵌式家庭农场、外嵌式农业企业四种类型,四种类型呈现出动态转化的态势,并且在实证基础上分析得出我国多元化农业经营主体格局基本形成、家庭经营具有旺盛的生命力、外嵌式农业企业直接从事生产环节不形成明显规模效应、小农户与现代农业有机衔接的薄弱环节在于销售环节而非生产环节四点结论。蒋永穆、戴中亮(2019)在小农户的积极作用方面进行了深刻的

研究，提出了小农户价值创造的关键点是优化要素资源与组织资源的配置过程和配置方式，实现"合作造饼"；价值获取的关键点是需要在现代农业中不断成长，提升在价值链中的"话语权"，实现"竞争分饼"。

在推进路径方面，陈文胜（2019）说明了乡村振兴战略中要突出资本逻辑的市场导向作用，需要通过改革土地、宅基地制度使得各种权属更加清晰以保障农民核心利益，赋予土地价值的市场实现能力。张建刚（2018）、高帆（2019）、张元洁、田云刚（2020）都聚焦于乡村振兴的首要战略——产业兴旺。张建刚（2018）认为，对于产业振兴发展，农业现代化是首要任务，一二三产业融合发展是根本途径，完善农业产业体系、生产体系和经营体系是必由之路，集体产权制度改革是基础；高帆（2019）基于农村生产要素具有与其他产业大致持平的要素回报率、农村产业的创新贡献度或全要素生产率在持续提高、农村内部的产品结构更能契合居民变动的消费结构、农村产业融合形成对城乡居民需求的新供给体系四重内涵指向给出了政策建议；张元洁、田云刚（2020）基于马克思产业理论，提出要建立适应生态产业发展的新型生产方式、发展农业股份制企业、培育新型乡村劳动者。此外，学界较一致地提出城乡融合发展是乡村振兴的必由之路。其中，王立胜等人（2018）提出，新时代我国社会主要矛盾在农村的特殊表现是城乡发展不平衡，要解决这一矛盾，就必须重新定位城乡关系，确立城乡融合理念，要经历城乡融合发展来破解"三农"难题这一必经过程。卓玛草（2019）认为可以把"统筹融合式、共生可持续、包容一体化、高效高质量"作为构建新时代乡村振兴与新型城镇化融合发展的实现路径。文丰安、王星（2020）强调城乡融合发展关键是合理配置生产要素在城乡之间有效流动以帮助农村获得更多有利发展条件。

关于习近平精准扶贫战略思想内涵，易棉阳（2016）提出其体现在精准识别、精准帮扶、精准管理三个方面，既需要开创大扶贫格局，形成全社会扶贫合力，又需要通过扶志扶智形成脱贫内生力。张赛群（2017）围绕"扶持谁、谁来扶、怎么扶"这三大主题,提出习近平扶贫思想是精准识别、精准帮扶、精准管理和精准考核四位一体的扶贫体系。陈健(2018)认为,习近平扶贫思想可以从产业扶贫、生态扶贫、教育扶贫、社会保障兜底扶贫四个实践角度理解。李萍、田世野(2019)认为,习近平精准脱贫思想的内在逻辑集中体现为:根本特征是"以人民为中心"的"发展性减贫";基于致贫因素的异质性、多重性特征和扶贫脱贫政策的针对性、有效性要旨,提出全方位的精准要求和探索新时期的减贫规律;坚持中国共产党领导,协同发挥政府与市场作用。

对于党的反贫困理论和道路,邓金钱、李雪娇(2019)总结梳理了中国改革开放四十年的历史成就与历史演进,提出新时代中国特色社会主义扶贫理论可以从组织保证、基本遵循、行动力量、物质保障、世界贡献五个方面理解。朱方明、李敬(2019)认为新时代反贫困思想是以"能力扶贫"和"机会扶贫"为核心主题。周文、冯文韬(2019)充分梳理了贫困理论研究发展史,提出其或多或少存在理论落后实践的问题,应跳出西方传统理论认知看待中国减贫经验,发展更具当代意义的反贫困理论。李正图(2020)则在全面梳理国内外学者对反贫困制度思想研究后,从中国特色社会主义政治经济学理论体系构建角度进一步提炼出了八个方面的概括性结论作为中国特色社会主义反贫困制度和道路的一般原理。

对于精准扶贫的实践创新,刘解龙(2015)认为,面对经济新常态对精准扶贫的影响与机遇,必须深入学习理解习近平总书记精准扶贫思想,推进相关市场机制、主体之间协商机制、扶贫资源整合机制、可持续发展支撑机制的创新。胡联、王娜、汪三贵(2017)强调中国精准扶贫机制还面临着精准识别技术困境、乡村治理、扶贫制度缺陷等方面的挑战,但精准扶贫理论作为先进的国际减贫理念,从理论上探讨如何规避精英俘获,将为世界反贫困理论与实践贡献中国智慧。文丰安(2019)认为,在脱贫攻坚的最后阶段,需要重点聚焦深度性贫困问题,从完善精准管理机制、提升帮扶政策精准度；强化力量集成，提升基层扶贫治理能力和水平；激发扶贫对象内生动力，提高其自我发展能力和积极性等方面有效实现精准扶贫的常态化。

三十二、开放经济和"一带一路"倡议的政治经济学研究

在我国对外开放的长期实践中，中国共产党提出了"一带一路"倡议与构建中国开放型经济新体制、推进开放型世界经济形成的发展目标。这些理念顺应了新型全球化与完善全球治理体系的国际发展大潮流，引发了国内外学术界的热烈探讨，并已成为中国特色社会主义政治经济学的有机组成部分。

关于"开放经济"的理论来源与理论内涵，钱学锋（2019）认为，马克思主义开放观是我国构建开放型世界经济的理论渊源，开放型世界经济是更高层次的开放型经济，是统一于马克思主义开放观的。卢江、张晨（2019）从现实条件为价值规律理论、创新借鉴为比较优势理论、外部环境为世界体系理论、战略调整为内外联动理论四个角度阐明了中国特色社会主义开放型经济体制改革的理论来源。裴长洪（2016）将中国特色开放型经济理论框架概括为：第一，完善互利共赢、多元平衡、安全高效的开放型经济体系；第二，构建开放型经济新体制；第三，培育参与和引领国际经济合作竞争新优势；第四，完善对外开放战略布局；第五，积极参与全球经济治理和公共产品供给。裴长洪、刘洪愧（2018）提出，习近平对外开放思想包含着"非经纪人假设"与正确的义利观以及资源优化配置的重新定义、"非霸权主义"的国际公共产品供给模式两个重要的经济学观点。刘航、孙早（2020）认为，习近平全球经济治理思想是围绕着共建开放合作、开放创新、开放共享的世界经济，以多边主义为理念的共同治理、以制度对接为主线的深层次合作、以新型大国关系为引领的对话磋商等全球

经济治理的新机制。此外，徐秀军（2020）将新时代中国国际政治经济学作为一项议程，阐明了新时代中国国际政治经济学的现实基础、研究的基本要素、理论的核心问题，提出新时代是中国国际政治经济学研究的新起点，也是中国特色国际政治经济学学科体系、学术体系、话语体系的新机遇。

关于"开放经济"思想理论的意义贡献，裴长洪、刘洪愧（2018）提出，习近平新时代对外开放思想的历史性贡献在于：第一，为中国开放型经济与开放型世界经济的内外联动提供了中国方案；第二，科学总结了以往经济全球化正反两方面的经验教训，提出了推动经济全球化朝着更加开放、包容、普惠、平衡、共赢的方向发展的新理念；第三，阐发了互利共赢、多边机制汇聚利益共同点和谋求最大公约数的政治经济学新观点；第四，揭示了实现中国梦的发展道路必须与人类命运共同体紧密相连的历史必然性。濮灵（2018）认为，构建开放型经济新体制是习近平新时代中国特色社会主义经济思想的重要组成部分，实现了当代中国马克思主义政治经济学的深化发展的理论创新，落实新时代全面深化改革总目标的制度创新，作为党集中统一领导经济工作重要内容的动力创新。黄瑾、王敢（2020）则基于马克思恩格斯的自由贸易思想、中国与世界经济发展状况进行分析，反驳了中国自由贸易"错位"论。

关于"一带一路"倡议的理论内涵与战略意义，周文、方茜（2015）认为，"一带一路"倡议不仅有利于中国与发展中国家之间形成新的生产关系，而且可以更好地通过资本输出实现合作共赢，推动资源要素的全球化分工，促进全球治理结构的多元化。佟家栋（2017）强调"一带一路"倡议其理论超越了现代地缘政治经济学，其最大特点是超越一国或国家集团控制的假设，是实现各民族和谐共荣的"利益共同体"理论。韩保江、项松林（2017）提出，"一带一路"符合中国与周边国家发展的战略价值并具有其供给层面的战略保障，中国与沿线国家经济耦合程度较高，可以形成新的生产关系，但在具体实施方面还存在诸多风险。陈甬军等人（2019）基于利益创造与共享机制的视角，利用三国互动决策模型既证明了在合理的信贷机制和利益分配机制之下，中国可以充分利用产能和资本相对富余、产能供给性价比高等优势与沿线国家开展合作，实现互利共赢；又论证了欧美发达国家凭借科技、管理等比较优势参与"一带一路"项目建设的可行性。此外，白永秀、王泽润（2017）认为要构建"一带一路"经济学，并提出了其学科定位、研究主线、研究体系、研究范畴等，提出"一带一路"经济学以其在实践中沿线国家形成的新型国际分工合作关系为研究对象，以基于互联互通的"一带一路"协同发展为研究主线。

关于"一带一路"倡议的风险挑战与路径策略，陈健、龚晓莺（2017）提出，面对中西方价值观体系的冲突、西方国家的阻挠、新旧国际秩序的矛盾、意识形态和社会制度差异等困境，要实施创新发展战略，打造经济发展新动能；实施开放发展战略，打造公正合理的全球治理体系；实施协同发展战略，打造互利共赢的合作模式；实施包容发展战略，打造均衡普惠的发展模式；实施共治发展战略，打造共同治理体系。王生升、李帮喜（2017）认为，"一带一路"是对资本主义体系积累周期的历史性超越，必须依托我国制度优势，依靠有为政府和国有经济来约束引导资本逐利行为。钟飞腾（2015）提出，要在熊彼特的"创造性毁灭"机制上摸索属于中国特色的产业转移的"创造性转移"机制，借此完成国内产业的全面优化与形成周边共同发展的新地缘经济态势。周绍东等人（2017）通过测算五国之间的 RCA 指数，提出要以"一带一路"为核心构建区域价值链，并针对某些特定产业载体进行互补性分工合作。卫玲（2019）基于马克思劳动价值论对智能劳动进行分析，提出我国可以把大数据作为核心，构建开放共享、质优价廉的人工智能技术和产业发展平台，推进产业演进，让"人工智能红利"推进"一带一路"倡议提质升级。

三十三、人类命运共同体的政治经济学研究

作为新时代贯串指引中国外交的"主题词"和"总纲领","人类命运共同体"这一理念由中国共产党首创并在实践中不断发展完善。从马克思主义政治经济学的角度来看,"人类命运共同体"这一思想是对世界发展主旋律的理论总结,是马克思主义中国化的新成果,对推动更有活力、更加包容、更可持续的经济全球化进程具有重要引领作用。近年来,中国政治经济学界围绕人类命运共同体的逻辑内涵、实践路径以及时代意义,提出一系列观点。

正确认识"人类命运共同体"的逻辑内涵,是把握人类命运共同体思想的前提。刘伟、王文(2019)提出,"人类命运共同体"的全球治理理念构成新时代中国特色社会主义政治经济学开放理论的核心,是马克思主义共同体理论的中国化与马克思交往理论的新发展,蕴藏着中国特色社会主义大国外交和新开放格局的智慧,实现了对西方普世价值的批判与革新。胡鞍钢、李萍(2018)认为"人类命运共同体"的核心思想是"要和平不要战争,要发展不要贫穷,要合作不要对抗,要共赢不要单赢",其实质是通过共同挑战、共同利益和共同责任把世界各国团结在一起,是国与国之间以共同利益为最大公约数化解矛盾、合作共赢的状态。学界对马克思世界历史理论、"真正的共同体"思想与"人类命运共同体"逻辑关系做了充分研究。其中,卢德友(2014)从维护人类利益的世界视野、协调社会发展的内在冲突、关注现代个人的生存境遇等角度,提出"人类命运共同体"与"自由人的联合体"理论契合。徐斌、巩永丹(2019)提出,共同体在从本源形式的"自然共同体"到抽象形式的"虚幻共同体",再到"真正共同体"的演变序列中,人性也从"未异化的局部发展状态"向"异化的普遍发展状态",再向"剥去异化的自由全面发展状态"发展,"人类命运共

同体"正体现了"真正共同体"的价值要求。此外,毛勒堂(2018),单军伟、张瑞才(2020)均基于资本逻辑分析"人类命运共同体"理念,提出要注重扬弃资本逻辑:前者认为,资本逻辑在现代社会的生成及其全球化发展是"人类命运共同体"的历史前提,资本逻辑的内在困局与负面效应是诉求构建"人类命运共同体"的时代根据,要警惕资本逻辑与"人类命运共同体"关系上的"拒斥论"和"一致论"两种极端认识;后者则提出,"人类命运共同体"是以规导资本逻辑为建构原则,以资本逻辑的自我否定规律作为历史逻辑,以共赢共享的实践规制资本逻辑的分配原则带来的发展不均衡问题。

构建"人类命运共同体"是我党向世界共同发展提出的中国方案,如何推进"人类命运共同体"建设是学界热切关注的问题。仇小敏、杨艳春(2017)、王岩、竟辉(2017)均从创新、协调、绿色、开放、共享五大发展理念的角度论述了如何有效推进"人类命运共同体"建设,充分发挥各国对全球经济发展的协调互补作用。丁工(2017)提出,应该使构建"人类命运共同体"与中国使用战略机遇期形成互动关系,坚持以"五大发展理念"为核心的中国全球治理观,促进与周边国家的政策沟通,逐步打破与周边国家关系"政经分离"的二元结构,构建周边命运共同体。周宇(2018)在梳理逆全球化表现后提出,必须弥合技术变革造成的经济分化、解决制度供给与改革需求的错配、摆脱全球经济治理的"两难悖论",对市场与政府的边界进行再定位,对自由民主制进行再思考,以"人类命运共同体"为出发点对全球治理路径进行再探索。左路平(2019)聚焦全球空间正义问题而提出:第一,推动各国的共享发展,改变全球空间不均衡的地理发展;第二,建设制度公正的"人类命运共同体",实现各国平等参与全球空间治理;第三,以价值观、气候和资源环境方面的共识促进"人类命运共同体"意识的培育,奠定全球空间正义的思想基础。张雷声(2018)提出,中国应通过激发增长动力和市场活力,建设现代化经济体系,加强中国对外关系的发展，以解决发展中的问题，推进"人类命运共同体"建设。

关于"人类命运共同体"的时代意义，李慎明（2019）提出，"人类命运共同体"契合人类共同发展的美好前景，继承了中华优秀传统文化中的大同思想，包括了中国共产党人的共产主义远大理想和中国特色社会主义共同理想，同时使"中国梦"与"世界梦"相衔接，为中国特色社会主义赢得了人类道义制高点。刘伟、王文（2019）提出，"人类命运共同体"有利于国际政治经济发展与交往模式的变革，推进全球治理模式的转型，使"国内治理"走向"全球治理"，并以"一带一路"作为系列结点对全球治理网络进行重组。文丰安（2018）认为，新时代"人类命运共同体"的意蕴在于：第一，深化了马克思对资本主义交往方式的批判；第二，拓展了马克思关于全球化理论的视阈；第三，丰富了马克思主义表现形式多样性的论断；第四，指向于正义、平等和自由的新时代应有之义；第五，是我国立足社会主义初级阶段，努力寻找多元持久动力的道路。王鹏（2020）提出，"人类命运共同体"思想实现了对马克思共同体思想的承继与发展，具有为世界生产力发展提供新动能、为中华民族实现伟大复兴提供强大战略支撑、是人类社会发展的重要历史路标的当代价值，为整个人类社会发展指明"真正共同体"的前进方向。

三十四、当代资本主义的政治经济学研究

资本主义社会形态已存在数百年，经历了自由资本主义到私人垄断资本主义，再到国家垄断资本主义的若干发展阶段。在国际环境日趋复杂、国际政治经济秩序不断变化的背景下，有关当代资本主义的研究对于我国开创中国特色社会主义新局面具有重要意义。资本主义究竟发展到什么阶段？当代资本主义呈现出哪些新特征？往后发展趋势如何？这些问题亟待

中国政治经济学界进行研究与回应。近年来，学界围绕当代资本主义的相关问题展开讨论，取得了一系列研究成果。

准确把握当代资本主义的发展阶段，充分认识当代资本主义的新特征，科学预测当代资本主义的发展趋势，是学界深入研究当代资本主义的应有之义。当前学界普遍认为垄断资本的发展仍然主导当前资本主义发展进程，并呈现出新帝国主义等新样态与一系列新特征。吴茜（2013）剖析了当代垄断资本主义四个本质特征：第一，生产和资本高度集中，巨型跨国公司全球扩张，形成了全球寡头垄断市场；第二，国际金融垄断资本及虚拟经济主导世界经济，实现了攫取全球垄断利润的剥削方式创新；第三，出现了欧共体、八国首脑会议等超级资本家国际垄断同盟；第四，形成了美国"一超独霸"的"新帝国主义"，表明当代资本主义进入国际垄断资本主义阶段，并将由盛转衰，向全球社会主义阶段过渡。齐兰、曹剑飞（2014）预测垄断资本主义发展呈现三重态势：第一，垄断资本全球化态势将长期存在，同时垄断资本的区域化态势逐渐强化；第二，垄断资本过度金融化现象有所遏制，金融化与再工业化及经济实体化同时并存；第三，美元霸权的基础开始削弱，国际货币多元化态势明显增强。刘儒、王换（2019）则认为，在逆全球化与贸易保护主义日盛的背景下，国际垄断资本主义的观点面临挑战，当代资本主义仍处于国家垄断资本主义阶段，以发达国家为主导的经济全球化日渐式微，国家干预主义加强与国家垄断资本发展直接推动了国家垄断资本主义的进一步深化。朱安东、孙洁民（2020）认为，新自由主义与资本主义的未来取决于垄断资本与无产阶级和政治上层建筑之间的博弈，新冠疫情在一定程度上既是世界资本主义系统性制度性危机的结果，又促进了危机的进一步加深。

当代资本主义统治与剥削具有多样性和隐蔽性等特征，这既体现在金融化程度不断加深，金融化逐渐成为资本主义进行剥削与统治的主要工具；又体现在科技进步与互联网技术发展下，资本主义剥削更具有隐蔽性。刘元琪（2014）提出，当代资本主义经济领域最深刻的变化是经济的金融化，金融资本在新时代不是直接控制垄断企业的超经济垄断手段，因此，是一种更精致也更广泛而深入的垄断。邱海平、赵敏（2017）提出，美元的世界货币地位与美国的帝国霸权互相结合、互相作用，使得美元资本可以在世界范围内广泛进行国际剥削和财富掠夺，这是新帝国主义的重要特征和本质，而新帝国主义资本积累模式本身存在的资本逻辑与权力逻辑之间的矛盾也注定了美元必然走向衰落。鲁品越、姚黎明（2019）认为，当代资本主义经济体系发生了深刻变化：从"第一代全球化"发展为"第二代全球化"；从物质资本发展到人力"知识的资本化"；建立在贫穷的生产国与富裕的消费国对立基础上的发达国家的"福利化"；以分割和攫取剩余价值为目标的"脱实向虚"的"第二代金融化"。赵敏、王金秋（2020）认为，智能化生产技术本质仍然是资本无偿占有劳动者所生产的剩余价值，智能化生产方式在为资本提供更有效的剥削手段的同时，也不断侵蚀作为资本主义生产方式基础的价值生产体系；智能化技术的资本主义利用方式意味着新技术革命无法解决资本主义社会的内在矛盾，不可能实现工人的真正解放。

此外，高放（2012）认为，当代资本主义已经发展到了"社会资本主义"新阶段，不能拘泥于垄断资本主义，而要认清社会资本主义这个新阶段才能深刻体会我国改革开放以来为什么要设立经济特区并探索中国特色社会主义道路。蔡万焕（2018）则提出，伴随持续的技术创新与知识经济相结合成为资本主义的重要特征，可以从"认知资本主义"这一概念研究此阶段的资本主义；在认知资本主义阶段，资本的积累方式、生产方式、对劳动的剥削方式以及社会阶级结构均发生了重大变化。胡莹（2011）提出"富裕中的贫困"是当代资本主义社会遭遇的时代难题，在过去、现在或将来的资本主义社会中，只要存在劳动者和生产资料之间的分离，马克思所描述的绝对贫困和相对贫困就必将存在。颜鹏飞、刘会闯（2013）分析了当代资本主义基本矛盾在生产、分配领域新的表现形式，提出当代资本主义有着有限度的自我调整和变革的制度弹性，资本主义的新变化新举措进一步促进对资本关系自身规定性及本质的自我背离、自我否定和自我扬弃的进程，体现了当代资本主义的两重性特征和生产方式矛盾运动的辩证法。

应该看到，当代资本主义出现的新变化对21世纪马克思主义发展和我国建设中国特色社会主义事业具有重要意义。宋朝龙（2020）提出，21世纪马克思主义要批判新帝国主义的自由主义意识形态、制度安排和政策体系，需要运用马克思主义政治经济学说明金融资本规律并加强对新帝国主义制度替代道路的研究，推动马克思主义与左翼政党结合以引领民众运动，加强与全球化顶层设计的结合以克服新帝国主义逆全球化的趋势。张晨、冯志轩（2016）认为，我国发展既要强化自身金融监管，有序推进金融领域开放，又要有所预判势必发生的美国金融危机，降低可能出现的风险；同时，积极吸取美国经济金融化和去工业化的教训，防止经济脱实向虚，避免经济陷入过度金融化的陷阱。王丰（2016）提出，面对发达资本主义国家流通剩余价值出现新趋势和新特点的情况，我国应汲取相关经验启示，在经济改革中牢牢树立发展成果惠及全体人民的原则，注重投资的作用和加快实施"互联网+"行动。赵敏、邱海平、王金秋（2020）认为，帝国主义理论的新发展总体上没有超越列宁帝国主义理论框架，我们要在新的历史条件下深入学习列宁的帝国主义理论，深刻认识和把握当代世界形势和发展趋势。

三十五、国际经济危机和金融危机的政治经济学研究

国际经济危机与金融危机的爆发对世界各国经济以及历史发展进程产生巨大影响，以资本主义相对过剩为本质特征的经济危机与金融危机，是资本主义制度内在基本矛盾的必然产物。如何认识与应对当前国际性的经济危机和金融危机，促进我国经济健康长远发展，呼唤着中国政治经济学

界做出细致的研究与探索。近年来，国内学者从不同角度对国际经济危机与金融危机进行了研究，取得了一系列的研究成果。

学术界基于马克思主义政治经济学，从多个角度对当代经济危机和金融危机的发生原因进行了研究。吴宁、冯旺舟（2012）、朱富强（2017）均从资本主义固有矛盾进行分析与阐述：前者认为2008—2012年全球金融危机并未超越资本主义制度的内在矛盾与马克思主义关于经济危机的理论逻辑——有效需求不足—生产过剩—透支消费—违约率上升—经济危机；后者基于马克思经济学视角对传导机制进行考察，认为现代经济危机仍然根源于收入差距，同时对现代经济危机的信用和债务危机、现代经济危机的利润率上升现象进行了分析。周文、方茜（2017）则认为在资本主义固有矛盾基础上，全球化、自由化和金融化在满足了资本主义剥削和逐利的同时，三者效应叠加，导致资本主义危机升级，也导致了资本主义危机的多样化、复杂化和系统化。王庆丰（2013）提出金融资本高杠杆运作的增殖方式必然导致经济危机的爆发，资本在其本质上构成了一种现实世界的形而上学，究其本性是欲望形而上学，当代马克思主义的政治经济学批判就是金融资本主义批判，其实质是一种欲望形而上学批判。

此外，鲁春义、丁晓钦（2016）认为，金融化的本质在于资本积累演变为资本脱离剩余价值的生产与交换，而通过金融系统实现增殖的过程；通过包含异质性主体的非对称演化博弈模型，指出了经济主体之间的动态关系演变表现为非金融企业主要通过金融活动获取利润，金融企业则关注中间业务和表外业务并将普通家庭纳入其体系使之成为新的利润源泉，而普通家庭则被迫接受强势经济主体的二次分利，这些关系的变化导致一国经济的金融化乃至金融危机。杨静、张开（2014）分析提出经济危机的爆发是"劳动和资本关系"与"政府和市场关系"的"双重失衡"导致的结果，是资本主义制度固有局限性的体现。

同时，学界基于世界形势变化与已有研究成果，对马克思主义经济危机理论体系进行了阐明与拓展。王中保、程恩富（2018）详细论述了马克思主义经济危机理论体系的内容，认为社会生产的无计划论、社会再生产的比例失调论、有支付能力的消费不足论、固定资本的更新论和资本的过度积累论等，均是包裹着内核的外围理论，与经济危机的资本主义生产资料私有制根源论的内核一起构成理论体系的主体架构。资本家的贪婪、政府监管不力、虚拟金融过度发展、经济金融风险低估、市场信息不对称等经济危机诱因，则是理论体系的枝节或节点，并与内核和外围理论一起构成了丰富的马克思主义经济危机理论体系。胡乐明（2016）提出马克思主义危机理论的未来发展必须完善基于生产力与生产关系矛盾之上的"中间环节"的分析，科学阐释资本积累的"技术结构"与"社会结构"及其演变如何导致资本积累矛盾深化而引发不同类型的危机，合理解释资本主义如何通过各种危机而不断发展同时走向崩溃。

国际经济与金融危机对资本主义国家乃至世界进程产生了深刻影响。陈文通（2012）认为2008年的经济危机不仅使传统资本主义模式难以为继，也宣告了新自由资本主义的破产。刘凤义、肖哲（2012）在对国内外马克思主义经济学家关于资本主义金融危机解读的代表性观点进行详细评述之后提出，从目前来看，资本主义制度的调整方向必然是制度的"深层修复"，制度修复的速度不容乐观意味着资本主义经济可能会持续萧条。张作云（2012）从金融和经济危机对资本主义经济发展的积极作用做了揭示论证，认为危机为资本主义经济规律的作用开辟了道路，并使资本主义各种矛盾得到暂时的暴力解决，资本主义经济时期的平衡得到强制恢复，危机成为资本主义经济周期发展新的起点。贾中海、程晓辰（2020）围绕2008年的金融危机与世界社会主义运动发展进行分析，提出应深入反思世界社会主义高潮未如期而至的原因，各国共产党要不断创新发展当代马克思主义，制定正确战略；确立新型政党关系原则，正确处理各国共产党内部分歧；制定多元的政治力量发展战略，建立最广泛的统一战线；牢牢把握工人阶级的领导权，充分发挥马克思主义政党的革命先锋作用。

国际经济和金融危机对于我国的经济社会发展来说，既是挑战，也是机遇，党和国家要积极应对国际性经济金融危机，促进我国经济社会机体的巩固发展。张成思（2019）基于宏观、中观、微观三个层次阐释金融化的逻辑，并提出负面冲击是随机冲击而不是系统性冲击，不能简单地等同于"矛盾的累积""发展的陷阱"。我国要正确认识和理解金融化的深层次逻辑并包容资本的逐利天性，合理运用金融化理念推进多元化和市场化金融体系发展，进而实现"好的金融"服务于实体经济和国计民生的目标。姬旭辉（2019）认为，中国在发展社会主义市场经济过程中，要做到"回归本源"，使金融服从服务于经济社会发展，化解以高杠杆和泡沫化为主要特征的各类风险，加强金融监管协调、补齐监管短板，不让国际风险演化为国内风险。侯为民（2015）关注生产过剩、信用扩张和经济危机，提出要坚持完善社会主义基本经济制度，坚持公有制经济的主体地位；正确处理虚拟经济和实体经济关系，切实加强金融监管，严格执法，让金融部门真正为实体经济服务。杨斌（2016）聚焦于泡沫经济，要求发展马克思主义新市场失灵理论，用中国特色社会主义政治经济学指导社会主义市场经济中的股市改革实践，使各种金融股市改革服务于广大民众。王守义（2018）基于拓展的马克思生产关系思想史分析框架对美国经济金融化趋向的特征进行考察，提出我国应积极推动实体经济发展，进一步明确金融服务于实体经济发展的目标与方向，协调金融与实体经济发展之间的关系，加快独立自主科技创新，夯实实体经济发展基础。

三十六、国际价值理论的政治经济学研究

国际价值理论是劳动价值论在国际经济关系中的延伸与发展，在马克思主义政治经济学体系中占据重要地位。在经济全球化迅速发展的当代，

深入研究国际价值理论，揭示其当代意蕴，对于世界经济稳定发展与我国进一步推进开放经济具有重要意义。近年来，学术界围绕国际价值理论的主要内容与启示等方面深入探讨，取得了较为丰富的成果。

关于国际价值理论的主要内容，杨圣明（2011）认为，国际价值理论体系包括国际价值的成因，国际价值的实体，国际价值的实质，国际价值的量与尺度，国际价值规律，国际价值转型，国际价值同货币、价格、工资的关系等一系列理论观点。刘航、赵景峰（2012）总结出国际价值理论的四点主要内容：第一，世界市场是国际价值理论体系的逻辑起点；第二，商品的国际价值是在国别价值基础上产生的；第三，商品的国别价值量和国际价值量之间的差别所决定的价格不同导致了商品在国际市场的流动；第四，价值规律只有一条，国际价值规律是价值规律在世界市场的延伸和应用。王铮（2012）分析归纳了国际价值的主要特点，即国际价值建立在参与国际交换的商品在国内已经形成国别价值的基础上；国际价格反映国际价值并在世界市场进行国际交换中形成确定。胡方（2016）围绕国际价值、贸易利益与经济政策进行研究，提出相互贸易的国家极力追求贸易利润，但其结果各有差异：一国在国际贸易中获得利润时，另一国会出现贸易利益损害；某个国家单独采取关税政策时，该国会获得更多贸易利益；两个贸易国家同时采取关税政策时，会出现纳什政策博弈，各国通过政策博弈获得相关利益。冯志轩（2016）认为国际生产价格是世界市场价格的主要调节者，价值和生产价格对市场价格解释力相近的结论可能不成立；并通过对资本长期均衡利润率进行测算，证实了世界市场上存在利润平均化趋势，并发现平均化主要发生在行业之间而非国家地区之间，为不平等交换提供了支持。

此外，众多学者基于时代背景，将国际价值理论运用于分析当代问题，并在此过程中，更新和发展了国际价值理论。宋树理（2018）认为国际价值量出现了全球出口商品的国际价值量在其"总量"上呈现递减上升变化趋势、"结构"上资本密集型和高新技术密集型出口商品表现出较快的增长速度等一系列变化；并提出这些新变化的成因是世界劳动复杂水平的普遍提高、国际垄断资本的积累、国际生产技术的持久创新、资本主义经济制度的广泛调整。王志强（2018）基于马克思市场价值理论分析了剩余价值国际转移，并将其纳入利润率决定体系，重新考察了利润率变动，得出了有关剩余价值与利润率的变动关系、利润率对资本主义生产方式产生差异影响等结论。刘晓音、宋树理（2017）利用社会生产和再生产模型，建立了用于任意国际交换商品的单位国际价值量与其国际生产价格之间的比例关系，证明静态的生产过程和动态的再生产过程都可以确定任意国际交换商品的唯一单位国际价值量决定方程；若其结合行业国际价值总量决定方程，可以说明两种含义世界必要劳动时间共同决定的任意国际交换商品的单位国际价值量的形成机理。乔晓楠、张月莹、吴雨婷（2019）以开放经济作为前提假设并引入国际贸易从国家、世界两个维度考察了世界再生产体系，提出在国家维度，国际贸易的存在将显著改变一国两大部类之间的比例关系；在世界维度，各国在世界两大部类生产中所扮演的分工角色将决定其国际贸易特征。

关于国际价值理论对我国经济发展的启示，杨圣明（2011）提出，我国要落实互利共赢开放战略、"五外"和谐新战略、"科技兴贸"战略和"两洋"战略这四大战略，加速加工贸易产业升级，稳步推进人民币汇率改革。何干强（2013）在研究国际价值规律不同于国内价值规律的特征基础上，认为我国要想突破在国际分工中的不利格局，就应该利用综合比较优势和竞争优势理论，培育和发展知识产权优势，对出口企业进行自主技术创新的政策扶持，推进自我品牌培育。崔向阳、崇燕（2014）对我国价值链构建提出了四条建议：功能架构和产品架构双重嵌入；全球价值链和国内价值链双链协同；市场的无形之手和政府的有形之手双手并举；产业资本、商业资本、金融资本和生产要素四轮驱动。张雨薇、赵景峰、刘航

（2015）认为，伴随分割式生产兴起和垂直型要素分工成为主流，发展中国家参与全球分工网络的深度广度得到拓展，但与此同时，发展中国家未得到足够价值补偿，整体劳动生产率动态提升受到抑制，因而我国在参与全球生产网络时，要抓住"一带一路"建设提供的对外产能合作机遇，实现各部门的有序开放和协同升级。王智强（2020）从剩余价值国际转移角度出发，提出经济高质量增长的关键在于技术进步和劳动生产率提高，我国要坚持创新发展，使我国的技术水平和劳动生产率实现跃升，从而遏制发达国家利用技术优势转移我国剩余价值的现象；而在"人类命运共同体"理念引领下，技术创新驱动的经济高质量增长有利于弱化剩余价值国际转移，推动世界经济联动增长。

三十七、经济全球化的政治经济学研究

20世纪90年代以来，经济全球化进程逐渐加快，已经成为不可逆转的世界潮流。经济全球化既体现了人类社会经济相互依存度不断提升的历史进程，又体现出世界经济作为高度融合的有机整体相互依存的内在特征。当前，经济全球化进程遭受前所未有的挑战，贸易保护主义升级，逆全球化思潮涌现，要素流动出现障碍。近年来，学界围绕经济全球化以及逆全球化开展了广泛深入的研究，取得了较为丰富的研究成果。

综合研判世界大势，经济全球化是不可逆转的时代潮流，是社会生产力发展的客观要求和科技进步的必然结果。张雷声（2016）提出，经济全球化是资源配置的全球化，是资本主义生产关系的全球化，但平等竞争旗号下掩盖着经济霸权主义的实质。同时，经济全球化的不断深入为马克思主义经济学理论创新提供了肥沃的土壤。苏立军、葛浩阳（2017）认为，经济全球化是世界各国由于要素和商品的广泛流动而相互开放、联系、依赖的一体化趋势，是不可逆的世界潮流。佟家栋（2017）基于马克思分工

理论对现代分工体系进行了考察，提出各国的比较优势改变和劳动力就业受到影响，不是一个国家因为国际贸易或贸易政策所产生的对另外一个国家的威胁，而更多的是技术进步和生产分工全球化的必然，并结合数据有力驳斥了"中国威胁论"。周文、包炜杰（2019）认为，反思全球化进程中富国更富、穷国更穷的现实困境，首先要破除经济全球化等于西方化的错误认知；其次，经济全球化不是去工业化，基于比较优势的国际贸易理论过于强调贸易而陷入"贸易原教旨主义"，忽视了生产的重要性；再次，经济全球化不是完全市场化，新自由主义过于强调市场化而违背了市场的跨国性与政府的国界性是全球化的一组悖论。

近十年来，全球经济并未实现2008年国际金融危机爆发后的理想复苏，反陷持续低迷，一些国家贸易保护政策盛行，逆全球化现象在欧美等地区有逐步抬头的趋势，经济全球化遭遇挫折。杨圣明、王茜（2018），任晓聪、和军（2019）通过马克思世界市场理论反思逆全球化现象：前者提出，每一轮技术进步和经济增长都会推动贸易自由化趋势的发展，而反之每一次世界经济的衰退和危机引发的萧条都会引发强烈的贸易保护需求；后者对经济全球化的形成发展机制、作用效应、内部矛盾问题进行分析，认为逆全球化是资本主义发展的弊端造成的，本质上是资本主义国家政策制定者为维护自身利益最大化进行资本增殖而采取的一系列措施。袁堂卫、张志泉（2019），邱卫东、高海波（2019）均基于资本运动对逆全球化进行考察分析：前者认为逆全球化的内在驱动依然是资本逻辑，是以重构西方全球经济宰制为旨归、以地方和国家空间回缩为表征的资本单向流动，逆全球化的真正目标是要重建对西方有利的"有选择的全球化"；后者认为逆全球化浪潮本质上是全球资本积累结构"内在否定性"的必然结果，发达国家只想从国际垄断资本支配的资本全球积累结构中获得好处，却不愿承担因此而来的资本扩张悖论恶果。此外，陈伟光、蔡伟宏（2017）基于波拉尼"双向运动"的理论视角，通过构建研究框架，提出逆全球化是市场力量释放和社会冲突累积"双向运动"的结果。戴翔、张二震（2018）提出，逆全球化思潮本质上是全球化红利在国家间和国家内分配失衡及全球治理失序负面性，被世界经济周期作用放大的结果，分工与周期因素耦合是逆全球化的深层逻辑。苏立君（2017）提出，资本主义生产方式主导下平均利润率的下降是"去工业化"的根本动因，并分析得出，无论是低端制造业还是高端制造业，美国的"再工业化"都具有其"不可实现性"。

面对逆全球化与贸易保护主义思潮，中国作为最大的发展中国家，应有所作为，积极推动新一轮经济全球化与构建公正合理的国际政治经济新秩序。权衡（2017）、黄惠（2020）都聚焦于通过共商共建共享的"一带一路"国际合作与交流平台，发挥新动力、新引擎的作用，推动经济全球化朝着更加公平、更加包容、更加普惠、更加平衡和更加开放的方向继续前进。胡鞍钢、王薇（2017）在分析了"逆全球化"和中国在全球化中的角色后，提出中国应充分利用"天时""地利""国和"，形成"四个全面"基础上"五个全面"的战略布局，为国际社会提供更多公共产品，重塑"新全球化"的倡导者、实践者、先行者，打造人类命运共同体，与世界各国共享发展红利、机会红利、开放红利。戴翔、张二震（2018）认为，世界经济虽进入长周期衰退阶段，但从错位发展角度看，前一轮产业革命为中国带来的开放发展红利尚未结束，中国面临从全面摘取全球产业技术"低垂果实"向全面摘取"高悬果实"的重要机遇；新一轮产业革命和技术革命正处于孕育阶段，积极融入全球创新链中有助于实现开拓性技术进步。蔡昉（2016）提出，中国应利用自身经济体量和潜在消费力的优势，提高在全球治理中的话语权，抓住全球市场的新机遇，推动经济内外联动，通过实践新发展理念最大限度地促进创新发展，并通过共享发展使中国人民获益。张端（2019）认为，应对逆全球化，我国要彻底改变依赖外贸、依靠外需推动的发展模式，将扩大内需放在首位，要贯彻建设开放型世界经济与经济全球化新理念，推动形成全面开放新格局，实现结构布局的拓展升级。

三十八、新发展格局的政治经济学研究

2020年以来，以习近平同志为核心的党中央多次强调要加快形成"以国内大循环为主体、国内国际双循环相互促进"的新发展格局。作为"事关全局的系统性变革"，构建新发展格局这一决定体现了中国共产党对国内发展阶段和世界变化形势的深刻认识，是在新发展阶段推动我国经济社会持续健康发展的重要遵循。同时，新发展格局对于丰富和发展中国特色社会主义政治经济学理论体系具有重要意义。

构建新发展格局是以逆全球化思潮、新冠疫情等为现实背景，并非我国应对国际环境变化的权宜之计，而是综合考虑我国发展阶段和环境变化后所确定的中长期战略方针。全面准确把握双循环新发展格局逻辑内涵，对于推动构建双循环新发展格局具有重要意义。逄锦聚（2020）提出，要从三个维度把握新发展格局：第一，从"实现"的视角拓展理解新发展格局，其创新了马克思的循环、周转和社会再生产理论；第二，从世界大变局视野加强对国际循环的开拓，既要看到世界环境变化的挑战，又要看到世界环境的机遇和我国开放的坚实基础；第三，从新时代新阶段高度加强对国内循环为主的把握，国际环境变化没有改变我国国民经济进入高质量发展阶段的事实。贾根良（2020）认为，贸易平衡是认识新发展格局的基本出发点，贸易平衡或略有逆差的发展模式对中国发展更加有利；而在从国际大循环向国内大循环的战略大转型中，财政赤字发挥着关键性作用。朱鸿鸣（2020）提出，双循环新发展格局的内涵和内在结构可初步概括为：以新发展理念和总体国家安全观为理念指导，以国内大循环为主体、国内国际双循环相互促进为基本型态，以深层次改革、高水平开放、高质量创新为基本动力，以超大规模市场优势和内需潜力为基础支撑，以高水平经济循环、高质量发展和开放型世界经济为发展目标的格局。胡博成、朱忆

天（2020）认为，《资本论》中蕴含的以资本和空间为轴心的空间生产理论为构建双循环新发展格局提供了重要理论支撑，双循环新发展格局的深层本质是为新时代开掘经济发展空间服务的战略决策。向国成、刘晶晶（2020）认为，马克思"劳动的更广泛分工和结合"思想与重塑比较优势格局理论，对于正确认识"双循环"发展格局具有重要意义。

具体到有关国内大循环和国际循环之间关系的认识方面，蒲清平、杨聪林（2020）提出，其表现在"双循环"不是"单循环"，"双循环"以"内循环"为主，"双循环"是量与质并重的循环，产业链和供应链为"双循环"的核心，科技创新是"双循环"的动力源五个方面。董志勇、李成明（2020）认为，畅通国内大循环是掌握主动实现国际大循环的前提，而畅通国际大循环是加快实现国内大循环的保障，国内大循环是中长期的工作重心，双循环是新时代中国对外开放的主动选择。

关于新发展格局的建构路径与政策导向，张占斌（2020）认为，在国内大循环方面，要打通支撑国内经济循环的全流程创新链条，加快数字经济产业化和传统产业数字化，提高产业链供应链的稳定性和竞争力，深化关键性基础性体制改革，加快构建高标准市场体系和营造国际竞争力更强的营商环境；在双循环相互促进方面，要用好超大规模市场优势，推动"一带一路"高质量发展，加快与发达经济体建立紧密产业和市场循环关系，促进国内国际市场规则和标准的有机相容并防止两个循环生态"脱钩"。柳思维等人（2020）提出，可以重点从三方面着手：第一，突出扩大内需战略基点，强化双循环相互促进的市场动力；第二，突出强化有效供给创新，夯实双循环相互促进的物质基础；第三，突出完善现代流通体系，畅通双循环相互促进的关键环节。蒲清平、杨聪林（2020）提出，要打通供需两个端口，耦合产业链、供应链、创新链三个链条，循环劳动力、土地、资本、技术四大要素，练好新理念、新科技、新经济、新基建、新机制五大内功。许光建等人（2020）提出，面对国际经济环境不确定性、产业链供应链和需求链存在断点薄弱点、城乡区域循环不够畅通等问题的挑战，要构建完整的终端商品内需体系，坚持高水平对外开放，在各地区发展上结合当地实际，对不同市场主体应当在双循环上做到各有侧重。张建刚（2020）基于扩大内需、创新发展、"一带一路"国际合作等方面较为全面地论述了畅通国内国际双循环繁荣我国经济的路径，提出必须充分发挥超大规模市场优势，以国内大循环为主体、国内国际双循环相互促进。

关于新发展格局的理论与实践意义，杨承训（2020）认为，新发展格局的时代课题开拓了中国特色社会主义政治经济学新境界，将社会再生产四大环节和五大发展理念链接为纵向经济运行轨道，以螺旋式增长、协调提升经济质量揭示新时代我国经济运行的新特点新规律，做出了以往马克思主义经典作家所没有来得及详加论述的理论研究，创新形成了社会主义经济循环系统论。张任远（2020）提出，"构建双循环新发展格局"具有其时代性和创新性，是对马克思经济思想新的丰富和运用，对市场资源配置理论新的发展和推进，能够带来广阔的市场空间、高质量发展的新动力，将加速我国社会主义现代化的步伐。吕秀彬（2020）认为，新发展格局能够激发技术创新，促进基于新格局的供给侧结构性改革；能够强化化解经济风险能力，确保产业链供应的安全与稳定；能够形成扩大内需长效机制，激活国内市场的内生动力；能够增强国际间的合作，进一步提升对外开放水平。薛安伟（2020）提出，新发展格局不仅为国内经济发展创造新空间，而且具有稳定全球总需求、促进全球要素流动与产业链稳定、维护和平发展的国际环境的世界意义。

三十九、数字经济的政治经济学研究

伴随物联网、大数据、人工智能等新兴技术的飞速发展，中国数字经济迎来了前所未有的蓬勃发展，已成为我国在新发展阶段赋能高质量发展的重要引擎，并深刻改变着人们的生产生活方式。我国作为世界第二大数字经济体，"十四五"规划中明确指出要"加快数字化发展，建设数字中国"这一政策方针。同时，数字资本主义逐渐成长，数字经济参与重构了资本主义生产方式与再生产过程，深刻影响着世界历史进程。从政治经济学出发加强对数字经济的研究日益成为学界研究的热点话题与重要任务。

正确认识数字经济、数字资本、数字劳动等概念的内涵是学界开展相关研究的基础。裴长洪、倪江飞、李越（2018）从生产手段所采用技术属性的自然科学意义角度定义数字经济，即强调数据信息及其传送是一种决定生产率的技术手段，是先进生产力的代表，具有规模经济、范围经济、交易成本下降、创造性毁灭的特征。张鹏（2019）则认为，数字经济是一个历史范畴，在技术、组织和制度相互作用的过程中，基于技术进行资源配置优化为导向的人类经济活动的高度协调互动所塑造的新生产组织方式的不断演化，构成了数字经济的本质。蓝江（2018）认为，数字资本是资本的第三种样态，占据着产业资本、金融资本和数字资本构成的金字塔的塔尖位置，数字异化成为我们在数字资本主义时代的存在方式。韩文龙、刘璐（2020）将数字劳动过程划分为传统雇佣经济领域下的数字劳动过程、互联网平台零工经济中的数字劳动过程、数字资本公司技术工人的数字劳动过程、非雇佣形式的产销者的数字劳动过程四种类型，并对数字劳动过程中价值形成、剩余价值、异化与剥削做出了阐释。黄再胜（2020）提出，数据商品是数据垄断资本主义价值运动的新具象，数字劳动是数据垄断资本主义价值创造的新源泉，数据资本是数据垄断资本主义资本积累的新途径。

数字经济的出现与成长对我国经济高质量发展具有积极意义。卫玲（2020）提出，数字经济对构建新发展格局具有重要意义，其增强了我国经济的活力和韧性，有效对冲劳动力成本上升和资源环境压力；与区域发展和产业结合，为充分发挥我国国内强大市场的优势提供战略支撑；能够重新配置生产要素，转型升级传统企业，为企业发展开辟新空间。谢莉娟、庄逸群（2019）提出，依托互联网数字经济的零售业实现了互联网长尾需求的极大显现和"拉"式产销逻辑的转化，形成了高度适应需求动态的柔性生产，成为零售深度媒介供需的新机制，发挥了其作为关键"交换"要素的"媒介供需"功能。张新春、董长瑞（2019）则认为，人工智能技术经济范式下劳动主体与分工、劳动内涵与社会功能、劳动生产率的深刻变化，为技术革命中停滞过剩人口向"完整的人"过渡提供了条件，催生了促进人全面发展的劳动机遇，劳动由生存手段向发展手段的转变将会愈发明显，教育与生产深度融合将是新生产力条件下"劳动方式—人的发展"这一哲学纽带的新模式。

关于数字资本主义与数字劳动的负面影响，胡莹（2020）提出，数字经济时代劳动过程历史样态更具有资本增殖能力，数字经济时代的资本主义劳动过程出现了社会总体劳动资料作用强化和单个劳动者活劳动的作用弱化并存、劳动和闲暇的边界越来越模糊、劳动力相对过剩和资本有机构成提高的趋势加强的新特点；劳资关系出现了劳动的一切力量从外观上均表现为资本力量、传统雇佣关系向纯粹市场交易转变、劳动收入与资本收入差距扩大等新特点。刘皓琰（2020）认为，"中心—散点"结构是数字资本主义时代典型的生产结构，其存在依赖于数字技术打造的"社会矿场"，数字技术的资本主义应用使得剥削程度进一步深化，一种基于"中心—散点"结构的跨国数字资本主义积累体系也开始出现。谢富胜（2019）、乔晓楠、郗艳萍（2019）等人都提出，在数字经济时代，资本逻辑渗入劳动力再生产过程中，资本主义基本矛盾仍然在数字资本主义中发挥决定性作用。朱阳、黄再胜（2019）提出，数字劳动异化路径表现在数字劳动资本化、劳动产品异己存在、数字劳动隐形统治、传媒操控下自我迷失、社会关系的数字等级分化；数字资本批判要从隐蔽化意识形态入侵、数字资本霸权、数字拜物教等方面入手，不能妄图借助数字资本实现人的真正解放。

规范数字经济发展，提高数字经济治理水平，营造良好数字生态，对推进建设中国特色社会主义新事业具有重要意义。王姝楠、陈江生（2019）提出，中国要抢抓数字经济范式带来的发展机遇，在关键要素方面，加强政府部门监管，鼓励市场主体数据共享，加强执法惩戒力度；在技术创新方面，建立系统完备的政策制度来确保自主创新的有序推进，强化基础，整体布局，发挥社会主义制度的效率优势。李政、周希祺（2020）聚焦于数据层面，提出要进一步健全由数据要素市场决定的数据所有者和开发者报酬机制，发挥好政府调控与监管作用，注意数据的权属与分类、数据利用和保护、数据交易机制等问题。韩文龙（2020）认为，大力培育数字消费力的重点在于：辩证发挥政府与市场作用，大力发展数字生产力，丰富数字产品与服务；改革收入分配制度，增加居民收入，解决好结构性失业问题；主动适应消费结构转型升级要求，不断满足更高层次需求；创新数字消费金融产品；扩大社会主义条件下的集体消费以拉动内需。

针对数字资本主义全球扩张所带来的一系列问题，徐宏潇（2020）提出，要认清数字资本主义全球扩张的实质，研判数字资本主义演化特征及其国际空间布置的实质，科学反制国际数字霸权，推进新型数字全球化进程，加快构建数字命运共同体。朱阳、黄再胜（2019）认为，要开展基于马克思主义的数字劳动价值理论研究，找准数字劳动以及数字经济的时代定位，利用数字劳动技术优势实施异化治理，积极探索新型数字劳动组织关系，主动寻求人工智能时代经济转型。谢莉娟、王晓东（2020）围绕数字经济与零售业，提出要防范拜物教意识陷阱和科技异化，警惕平台化垄断和数字化泡沫，依托流通技术创新和完善国内市场，避免发达资本主义国家的全球价值链剥削。丁晓钦、柴巧燕（2020）提出，在数字经济平台上要坚持以人民为中心，对于平台垄断问题，要妥善处理好做大做强平台和促进整体产业发展之间的关系；对于数字鸿沟和弱势劳工问题，要充分发挥制度优势让更多劳动者可以共享数字经济的就业红利。

后　记

　　自 2017 年首发以来，我们已连续 5 年对中国政治经济学学术影响力进行评价。本年度报告仍以学术刊物发表的论文作为评价基准，系统梳理了 2011—2020 年中国政治经济学的学术进展状况。本年度报告选取了 39 个细分的政治经济学研究主题进行学术评价，评选了 10 年来最具影响力的 100 篇政治经济学论文并进行了内容概述。本年度报告还开展了研究载体评价，对政治经济学学术机构和政治经济学刊物进行了学术影响力评价。本年度报告完善了评价方法，修正了影响力指数的权重参数，引入了学科专家评价。我们真诚地希望政治经济学学界同仁对本报告提出宝贵的意见和建议，本课题组的联系方式是：00031959@whu.edu.cn。